LA LOI
SUR LA CHASSE

EXPLIQUÉE

AUX CHASSEURS, AUX GARDES CHAMPÊTRES

ET AUX AGRICULTEURS

PAR M. CH. VIEL

AVOCAT A LA COUR IMPÉRIALE DE PARIS

PARIS

FERDINAND SARTORIUS, ÉDITEUR

RUE JACOB, 6

PAUL DUPONT

RUE DE GRENELLE-SAINT-HONORÉ, 55

LA LOI

SUR

LA CHASSE

PARIS

IMPRIMERIE DE L. TINTERLIN ET Cᵉ

Rue Neuve-des-Bons-Enfants, 3.

LA LOI
SUR LA CHASSE

EXPLIQUÉE

AUX CHASSEURS, AUX GARDES CHAMPÊTRES

ET AUX AGRICULTEURS

———

NOUVEAU GUIDE PRATIQUE

**APPROUVÉ PAR M. LE MINISTRE DE L'AGRICULTURE, DU COMMERCE
ET DES TRAVAUX PUBLICS**

Résumant la Jurisprudence de la Cour de Cassation, les décisions de l'Administration
et notamment les nouvelles instructions de MM. les Ministres
de l'Intérieur et de l'Agriculture, du Commerce et des Travaux Publics
en vue de la conservation des oiseaux utiles à l'agriculture

PAR M. CH. VIEL

AVOCAT A LA COUR IMPÉRIALE DE PARIS

——— ❧❈❧ ———

PARIS

FERDINAND SARTORIUS, ÉDITEUR

RUE JACOB, 6

PAUL DUPONT

RUE DE GRENELLE-SAINT-HONORÉ, 55

———

1862

Tous droits réservés.

INTRODUCTION

Les lois qui règlent les rapports des citoyens avec l'administration sont trop souvent l'objet de méfiances injustes, de critiques intéressées qui prennent leur source dans l'égoïsme.

C'est qu'en effet l'administration, en provoquant ces lois d'intérêt général, froisse forcément les habitudes ou même seulement la commodité de quelques-uns, et ces derniers ne manquent pas alors de crier à l'arbitraire.

S'agit-il, par exemple, de créer un chemin qui doit faire la richesse d'une commune, on

1.

voit immédiatement s'élever des réclamations de la part de ceux dont le champ ou le domaine doit être cédé dans l'intérêt général. Et lorsque la loi intervient et dit au particulier : On te prend ton champ, mais c'est dans l'intérêt de tous, et d'ailleurs on t'indemnisera ; vous voyez alors surgir des prétentions exagérées, dont les jurys d'expropriation sont trop souvent appelés à faire justice.

Une de ces lois tutélaires devait surtout rencontrer des résistances partielles, et cependant son utilité était généralement reconnue. Tout le monde convient aujourd'hui que la loi du 3 mai 1844, sur la police de la chasse, fut un véritable bienfait.

En effet, pendant cinquante ans, une loi de 1790, qui, dans la pensée de ses auteurs, ne devait être que provisoire, régissait seule l'exercice de la chasse. Une trop longue expérience avait démontré son insuffisance ; elle n'opposait au braconnage que des peines trop légères pour en empêcher efficacement l'extension. Aussi le nombre des braconniers était devenu tel que les dévastations qu'ils commettaient excitaient chaque jour les justes plaintes des agriculteurs ; le gibier était menacé d'une destruction totale et prochaine, si on n'apportait un remède au mal ; puis, d'autre part, la sécurité même des campagnes se trouvait souvent compromise par des hommes qui ne reconnaissaient aucune limite à l'exercice de ce qu'ils considéraient comme leur droit.

C'est donc pour remédier à un pareil état de choses qu'est intervenue la loi du 3 mai 1844.

Depuis bientôt vingt ans que cette loi est appliquée on a pu en constater les excellents effets ; toutefois, comme toute œuvre humaine, elle comportait des perfectionnements, sinon dans son texte, au moins dans les applications qu'on en a faites. La Cour suprême, les tribunaux et les décisions de l'administration supérieure ont dû souvent intervenir pour trancher les questions soulevées par les interprétations diverses données à quelques-unes des dispositions de cette *loi d'ordre public et d'intérêt général.*

Notre but est de résumer rapidement et d'une manière saisissable pour chacun la jurisprudence adoptée jusqu'à ce jour en matière de chasse. Nous ne prétendons point faire ici une œuvre dogmatique, tout au contraire, notre travail ne saurait avoir que deux qualités : la brièveté et la clarté.

Simple *manuel,* il s'adresse aux chasseurs, aux cultivateurs et aux agents secondaires de la police judiciaire, chargés de la constatation des délits de chasse. Les maires et les gardes champêtres de nos communes y trouveront d'utiles renseignements, puisés aux sources officielles, qui leur permettront de seconder plus utilement encore la sollicitude de l'administration supérieure pour tout ce qui peut favoriser ou protéger l'agriculture.

Enfin le curé et l'instituteur trouveront dans ce petit livre des arguments puisés aux meilleures sources pour développer cette belle parole de l'Ecriture : — « *Si en te promenant tu trouves en ton chemin, sur un arbre ou à terre, un nid d'oiseaux et la mère couvant les petits et les œufs, tu ne prendras pas la mère ni les petits, mais tu les laisseras en liberté, pour qu'il ne te mésarrive et que tu vives long-temps. (1)* »

(Voir nos explications sous l'article 9 de la loi, en ce qui concerne les mesures prises tout récemment pour la conservation des oiseaux utiles à l'agriculture.)

(1) *Deutéronome*, XXII, v. 6 et 7.

LA LOI

SUR

LA CHASSE

—— ❖ ——

TITRE PREMIER

EXPLICATION DE LA LOI DU 3 MAI 1844, SUR LA
POLICE DE LA CHASSE.

———

SECTION PREMIÈRE.— DE L'EXERCICE DU DROIT DE CHASSE

ARTICLE PREMIER.

Nul ne pourra chasser, *sauf les exceptions ci-après*,
si la *chasse* n'est pas *ouverte*, et s'il ne lui a pas
été délivré un *permis de chasse* par l'autorité com-
pétente.

Nul n'aura la faculté de chasser sur la propriété

d'autrui sans le consentement du propriétaire ou de ses ayants droit.

Deux conditions sont donc essentielles pour se livrer à l'exercice de la chasse, 1° il faut que la chasse soit *ouverte*, 2° le chasseur doit être muni d'un *permis*, quels que soient le *mode*, la *nature* et le *but* de la chasse; c'est-à-dire qu'elle ait lieu à tir, à courre, avec des engins, filets ou appeaux *autorisés ;* dans un but industriel, scientifique ou de simple plaisir et que son objet soit le gibier ordinaire (gibier de bois, gibier de plaine, gibier d'eau) ou d'oisellerie seulement.

L'autorisation que donnerait le Préfet de chasser sans permis constituerait donc une violation formelle de la loi, ainsi que l'a décidé la Cour de Cassation. (Arrêt du 18 avril 1845.)

Si tout chasseur doit être muni d'un permis, la jurisprudence a établi que cette règle ne s'applique pas aux simples auxiliaires des chasses, soit ordinaires, soit à l'aide des procédés dûment autorisés, qui exigent le concours de plusieurs personnes (Cour de cassation 1845) ; mais les auxiliaires doivent se renfermer rigoureusement dans les conditions de ce concours et notamment n'être pas porteurs d'armes à feu.

La quittance du prix du permis délivrée par le percepteur ne peut en aucune manière tenir lieu du permis. (*Circulaire du ministre de l'intérieur, du 30 juillet 1849.*)

Le chasseur qui a perdu son permis, ne doit se livrer à l'exercice de la chasse qu'après en avoir obtenu un second et en avoir acquitté le prix.

Le remboursement du droit de permis ne peut avoir lieu que dans *un seul cas*, celui où le permis aura été refusé par l'autorité, en conformité des exclusions établies par la loi.

Pour obtenir le permis de chasse, il faut : 1° verser 25 francs à la caisse du percepteur *de sa commune ;* 2° dresser une demande sur papier timbré, adressée au préfet; 3° remettre cette demande au maire en y joignant la quittance du percepteur.

Le maire aura ensuite à transmettre au sous-préfet cette demande *avec son avis*, et le sous-préfet signera, s'il y a lieu, le permis *pour le préfet et par autorisation. (Circulaire du ministre de l'intérieur, du 12 juillet 1860.)*

La date du permis devra être celle du jour de son envoi à sa destination.

ART. 2.

Le propriétaire ou possesseur peut chasser ou faire chasser en tout temps, *sans permis* de chasse,

dans ses possessions attenant à une habitation et
entourées d'une clôture continue faisant obstacle à
toute communication avec les héritages voisins.

La conservation du gibier a motivé la restriction
apportée par cet article au droit que la loi de 1790
conférait au propriétaire de chasser en tout temps
dans ses bois, et dans celles de ses possessions qui
étaient séparées des héritages voisins par des murs
ou des haies vives, lors même qu'elles étaient éloi-
gnées de son habitation.

La faculté accordée par cet article est donc sou-
mise à deux conditions :

1° Il faut que la possession dans laquelle on
chasse soit *attenante à l'habitation.*

2° Il faut que cette possession soit entourée d'une
*clôture continue faisant obstacle à toute communica-
tion avec les héritages voisins.*

ART. 3.

Les préfets détermineront, par des arrêtés pu-
bliés *au moins dix jours à l'avance,* l'époque de
l'ouverture et celle de la clôture de la chasse dans
chaque département.

L'arrêté du préfet qui fixe l'ouverture de la chasse peut être rapporté par un arrêté postérieur qui fixe l'ouverture à un autre jour que le premier arrêté, pourvu que les habitants ne soient pas encore en jouissance effective du droit que doit conférer ledit arrêté. (*Arrêt de la Cour de Cassation, du 10 décembre* 1860.)

ATR. 4.

Dans chaque département il est interdit de mettre en vente, de vendre, d'acheter, de transporter et de colporter du gibier pendant le temps où la chasse n'y est pas permise.

En cas d'infraction à cette disposition, le gibier sera saisi et immédiatement livré à l'établissement de bienfaisance le plus voisin, en vertu, soit d'une ordonnance du juge de paix, si la saisie a eu lieu au chef-lieu de canton ; soit d'une autorisation du maire, si le juge de paix est absent ou si la saisie a été faite dans une commune autre que celle du chef-lieu. Cette ordonnance ou cette autorisation sera délivrée sur la requête des agents ou gardes qui auront opéré la saisie et sur la présentation du procès-verbal régulièrement dressé.

La recherche du gibier ne pourra être faite à domicile que chez les aubergistes, chez les marchands de comestibles et dans les lieux ouverts au public.

Il est interdit de prendre ou de détruire, sur le terrain d'autrui, des œufs et des couvées de faisans, de perdrix et de cailles.

On comprend facilement que si le commerce du gibier était permis, quoique la chasse fût interdite, il en résulterait un privilége pour le braconnier seulement ; car il pourrait impunément écouler le produit illicite de sa chasse. Cette interdiction de vendre, acheter ou colporter le gibier atteint également le propriétaire qui use de la faculté de chasser en tout temps sur son héritage (Art. 2); s'il en était autrement, ce serait donner un moyen facile à d'autres d'éluder la loi.

Nous devons faire remarquer que cette prohibition est limitée au gibier proprement dit ; elle ne s'étend pas aux animaux nuisibles et malfaisants qui ne sont point mangeables. (*Arrêt de la Cour de Cassation, du* 23 *juillet* 1858.) — Elle ne s'étend pas non plus au *temps de neige ;* elle n'existe que pendant la clôture proprement dite et générale de la chasse.

Le dernier paragraphe, en défendant de *prendre* et de *détruire* des *œufs* ou des *couvées*, a voulu porter remède à une déprédation déplorable qui nuit autant aux chasseurs qu'à l'agriculture. On ne sau-

rait trop veiller à l'exécution de cette sage prescription de la loi.

La Cour de Paris a décidé que l'interdiction de
transporter le gibier en temps prohibé est absolue
et comprend tous les départements de la ligne par-
courue. Il est en effet évident que si l'on exceptait
de la prohibition les départements intermédiaires
entre ceux de l'expédition et de la destination du
gibier, ce serait enlever à la loi son efficacité en
facilitant la fraude ; il n'y a, en conséquence, nulle
distinction à faire entre le transit et le transport.

Toutefois, afin de concilier les intérêts du commerce avec les exigences de la loi, l'administration
accorde des autorisations pour le transport du gibier vivant lorsqu'il est destiné à la reproduction.
Ces permis de transport, en temps prohibé, sont délivrés par les préfets des départements autres que
celui de la Seine. Dans ce dernier, c'est le Préfet de
police qui décide s'il y a lieu d'accorder les autorisations demandées. — Pour les transports de département à département, c'est au Ministre de
l'Intérieur qu'il appartient de prononcer.

ART. 5.

Les permis de chasse seront délivrés, sur l'avis
du maire et du sous-préfet, par le préfet du dépar-

tement dans lequel celui qui en fera la demande aura sa résidence ou son domicile.

La délivrance des permis de chasse donnera lieu au paiement d'un droit de quinze francs (15 fr.) au profit de l'État, et dix francs (10 fr.) au profit de la commune dont le maire aura donné l'avis énoncé au paragraphe précédent.

Les permis de chasse seront personnels; ils seront valables pour tout le royaume et pour un an seulement.

Nous renvoyons simplement à nos explications de l'article 1er, en ce qui concerne les formalités à accomplir pour obtenir le permis.

ART. 6.

Le préfet pourra refuser le permis de chasse :

1° A tout individu majeur qui ne sera point personnellement inscrit, ou dont le père ou la mère ne serait pas inscrit au rôle des contributions ;

2° A tout individu qui, par une condamnation judiciaire, a été privé de l'un ou de plusieurs des droits énumérés dans l'article 42 du Code pénal, autres que le droit de port d'armes ;

3° A tout condamné à un emprisonnement de plus de six mois pour rébellion ou violence envers les agents de l'autorité publique ;

4° A tout condamné pour délit d'association illicite, de fabrication, débit, distribution de poudre, armes ou autres munitions de guerre; de menaces écrites ou de menaces verbales avec ordre et sous conditions; d'entraves à la circulation des grains; de dévastations d'arbres ou de récoltes sur pied, de plants venus naturellement ou faits de main d'homme;

5° A ceux qui ont été condamnés pour vagabondage, mendicité, vol, escroquerie ou abus de confiance.

La *faculté* de refuser le permis de chasse aux condamnés dont il est question dans les paragraphes 3, 4 et 5, cessera cinq ans après l'expiration de la peine.

Il est bien évident que ceux qui demandent un permis ne sont pas astreints à justifier qu'ils ne se trouvent dans aucune des situations prévues par les paragraphes 2, 3, 4, 5. Non-seulement ce serait placer tous les citoyens sous une espèce de prévention blessante pour eux, mais encore ce serait exiger une justification souvent impossible, puisqu'il ne leur suffirait pas de s'adresser à l'autorité judiciaire de leur résidence pour en obtenir un certificat de non-condamnation.

L'obtention du permis de chasse est pour tous

les citoyens, *de droit commun* ; des exceptions sont faites à ce droit dans un intérêt public ; c'est donc à l'autorité qui veut appliquer l'exception à prouver le cas exceptionnel.

ART. 7.

Le permis de chasse *ne sera pas délivré :*

1° Aux mineurs qui n'auront pas seize ans accomplis ;

2° Aux mineurs de seize à vingt et un ans, à moins que le permis ne soit demandé pour eux par leur père, mère, tuteur ou curateur, porté au rôle des contributions ;

3° Aux interdits ;

4° Aux gardes champêtres ou forestiers des communes et établissements publics, ainsi qu'aux gardes forestiers de l'État et aux gardes-pêche.

Le dernier paragraphe de cet article ne comprend pas dans l'exclusion les *gardes particuliers* ; on comprend, en effet, que les propriétaires fonciers veulent quelquefois faire chasser par leurs gardes. On ne saurait donc refuser le permis à ces derniers ; toutefois le maire agirait sagement en exigeant d'eux l'autorisation du propriétaire dont ils sont les agents.

Art. 8.

Le permis de chasse ne sera pas accordé :

1° A ceux qui, par suite de condamnations, sont privés du droit de port d'armes ;

2° A ceux qui n'auront pas exécuté les condamnations prononcées contre eux pour l'un des délits prévus par la présente loi ;

3° A tout condamné placé sous la surveillance de la haute police.

Art. 9.

Dans le temps où la chasse est ouverte, le permis donne, à celui qui l'a obtenu, le droit de chasser *de jour*, à tir et à courre, sur ses propres terres et sur les terres d'autrui avec le consentement de celui à qui le droit de chasse appartient.

Tous autres moyens de chasse, à l'exception des furets et des bourses destinés à prendre le lapin, *sont formellement prohibés.*

Néanmoins les préfets des départements, sur l'avis des conseils-généraux, *prendront* des arrêtés pour déterminer :

1° L'époque de la chasse des *oiseaux de passage,*

autres que la caille et les modes et procédés de cette chasse ;

2° *Le temps* pendant lequel il sera permis de chasser le gibier d'eau, dans les marais, sur les étangs, fleuves et rivières ;

3° Les espèces d'animaux malfaisants ou nuisibles que le propriétaire, possesseur ou fermier, pourra *en tout temps* détruire sur ses terres, et les conditions de l'exercice de ce droit, sans préjudice du droit appartenant au propriétaire ou au fermier de repousser ou de détruire, même avec des armes à feu, les bêtes fauves qui porteraient dommage à ses propriétés.

Ils *pourront* prendre également des arrêtés :

1° Pour prévenir la destruction des oiseaux ;

2° *Pour autoriser l'emploi des chiens lévriers* pour la destruction des animaux malfaisants ou nuisibles ;

3° Pour interdire la chasse pendant les temps de neige.

Conservation des Oiseaux dans l'intérêt de l'Agriculture.

Cet article met à la disposition des préfets les moyens nécessaires pour prévenir la destruction des oiseaux, et c'est là pour nous son principal mérite.

La chasse a incontestablement son côté utile ;
elle offre à l'homme un exercice salutaire et agréa-
ble, elle lui procure une nourriture recherchée et
saine.... Mais ce qu'il importe de bien savoir, c'est
que la chasse ne doit pas dégénérer en *destruction
inutile* et qu'elle doit être rigoureusement limitée
au *gibier* proprement dit.

Tel est l'esprit de la loi. Notre but est de venir
en aide à l'administration, qui a pris *tout récemment*
les mesures les plus sages pour protéger efficacement les charmants hôtes de nos bois, les utiles
auxiliaires du laboureur.

Nous avons consacré un chapitre spécial au paragraphe de la loi qui protége *les oiseaux utiles à
l'agriculture.* — Qu'on lise les motifs qui nous ont
déterminé, ils sont tous dans les faits que nous
allons relater, et ces faits, *ce sont nos premiers naturalistes qui les ont laborieusement relevés.*

Ils ont été exposés dans la dernière session, devant la première assemblée de l'Empire, et le Sénat,
en écoutant avec ravissement son spirituel rapporteur, M. Bonjean, dont la parole s'appuyait de l'autorité des savants professeurs du Muséum, le Sénat,
convaincu de l'extrême utilité des oiseaux, a émis
un vote favorable à leur conservation.

Nous le déclarons donc hautement, c'est le rapport de M. Bonjean au Sénat qui nous a déterminé
à parcourir rapidement la loi du 3 mai 1844 avec

l'intention de nous arrêter spécialement sur ce paragraphe de la loi et de faire descendre jusque dans nos plus humbles hameaux cette parole qui a charmé la première de nos assemblées.

Que le curé et l'instituteur parcourent avec nous cet excellent rapport et nous ne doutons pas de leur concours éclairé. — Ils ne se lasseront pas de répéter aux enfants, dont ils forment le cœur et l'intelligence, combien ils font de mal en détruisant ces pauvres petits oiseaux que leurs mères ne peuvent, hélas ! protéger. — Ils détourneront les enfants de nos campagnes de ces habitudes cruelles de destruction, qui tendaient chaque jour davantage à se propager, et qui ne sont point étrangères, qu'on le sache bien, au développement des plus mauvais instincts de l'homme. — Que de crimes n'a-t-on pas eu à déplorer par suite du braconnage ; eh bien, interrogez un de ces hommes qui vient de tuer son semblable pour échapper aux prescriptions de la loi... il est bien rare qu'il n'avoue pas qu'étant enfant il *s'amusait à tuer les petits oiseaux*... à dénicher leurs couvées.....

Extrait du rapport *lu au Sénat le 24 juin 1861,* par M. Bonjean, rapporteur de la commission des pétitions.

« Le sieur Marschal, ancien député de la Meurthe, le comice agricole de Toulon, la Société régionale d'acclimatation du Nord-Est, à Nancy, et M. Schœffer, à Robertsau (Haut-Rhin), demandent que des mesures soient prises pour la conservation des oiseaux qui détruisent les insectes nuisibles à l'agriculture.

Ces quatre pétitions méritent de fixer toute l'attention du Sénat.

Elles ne sont point inspirées, comme on pourrait le croire au premier abord, par une sensibilité platonique en faveur d'une classe d'êtres vivants, voués à une destruction que ne légitime pas, pour l'homme, la loi suprême de sa propre conservation. Si honorable et si facile à justifier qu'il fût aux yeux d'une saine philosophie, ce sentiment n'est pas celui qui inspire les pétitionnaires. Hommes pratiques et positifs, s'ils vous demandent pour les oiseaux une protection plus efficace que celle résultant de la législation actuelle, ce n'est point par pur amour des oiseaux; c'est uniquement dans *l'intérêt de l'agriculture*, très-sérieusement menacée, affirment-ils, si l'on continue à détruire *les seuls auxiliaires qui puissent arrêter la propagation des insectes, fléau des cultures de toute nature.*

Ces pétitions soulèvent plusieurs questions de fait et de droit que je vais rapidement examiner. Pour les premières, à défaut de toute compétence personnelle, nous avons consulté, autant qu'il a dépendu de nous et du temps qu'il nous était permis d'y consacrer, les hommes les plus autorisés en histoire naturelle et en agriculture : c'est donc en leur nom, pour ainsi dire, que nous vous soumettons certains faits que nous n'avions pas qualité suffisante pour affirmer.

§ Ier.

IMPORTANCE DES OISEAUX POUR L'AGRICULTURE.

I. — Il existe en France, Messieurs les Sénateurs, plusieurs milliers d'espèces d'insectes, presque toutes douées d'une effrayante fécondité (1), presque toutes aussi vivant exclusivement aux dépens

(1) L'effrayante fécondité des insectes est un des faits les mieux démontrés en histoire naturelle. — Dans un seul phlœotribus, si fatal à l'olivier, un naturaliste a compté deux mille œufs. — Pendant ces dernières années, pour arrêter les ravages de la nonne, on a essayé, dans la Prusse orientale, d'en faire ramasser les œufs. En un seul jour, et pour une seule verderie, il en fut ramassé quatre boisseaux ou *cent quatre-vingts millions environ.* Dans une autre verderie de la haute Silésie, vers la frontière d'Autriche il en fut apporté, en neuf semaines, cent dix-sept kilogrammes, représentant *deux cent trente à deux cent quarante millions.* (Docteur GLOGER de Berlin, dans un article dédié au cardinal-archevêque de Bordeaux, dans le tome VII du *Bulletin de la Société protectrice des animaux,* p. 322.)

de nos végétaux les plus précieux, ceux qui fournissent à l'homme sa nourriture, ses bois de construction ou de chauffage.

Le chêne robuste a pour ennemis le lucane, le cerambyx heros, etc.

A l'orme s'attachent les scolytes destructeurs.

Les pins et sapins succombent sous les attaques des bostriches, de la nonne, du scarabée typographe.

L'arbre de Minerve, le précieux olivier, voit son bois miné par le phlœotribus ; tandis que ses fruits sont dévorés par les larves innombrables de la mouche de l'olivier (*dacus oleœ*).

La vigne résiste à peine, en certaines localités, aux ravages de la pyrale.

Le blé et les autres céréales sont attaqués, dans leurs racines, par le ver blanc (larve du hanneton); sur pied, avant la floraison, par la cécidomyie; plus tard, au moment où se forme le grain, par le charençon (*calandra granaria*), etc. etc.

Le colza et les autres crucifères n'ont pas des ennemis moins nombreux. Plusieurs variétés d'altises détruisent le plant à sa sortie de terre ; d'autres parasites attendent que la silique soit formée pour y élire domicile et se nourrir aux dépens de la graine.

Les racines de toutes les légumineuses sont mangées par les courtillières et autres insectes fouilleurs, tandis que la larve de la bruche vit cachée dans les pois et les lentilles, dont elle ne nous laisse que l'enveloppe.

Ce que les insectes ont épargné est-il au moins assuré au laboureur?... Non : une multitude de petits rongeurs, mulots, campagnols, rats et souris, après avoir vécu, aux champs, aux dépens de la récolte, pénètrent dans la grange et y prélèvent une nouvelle dîme sur les gerbes appauvries.

Qui pourrait calculer les pertes qui résultent, pour l'agriculture, de toutes ces causes réunies?

C'est *depuis peu d'années seulement*, que la science a compris qu'il y avait là, pour elle, un grand devoir social à remplir; c'est d'hier, pour ainsi dire, que ces questions sont à l'étude : la statistique n'offre donc, en ce moment encore, que des renseignements incomplets qu'il convient de n'invoquer qu'avec circonspection.

Toutefois, les lamentations des pays vignobles, au sujet de la pyrale, attestent assez la grandeur du mal pour ce genre de culture.

Quant aux céréales, *on n'évalue pas à moins de quatre millions de francs, au plus bas, la valeur du blé que fait avorter, en une seule année, dans l'un de nos départements de l'est, la seule larve cécidomyique.* — Dans une notice spéciale, et d'après un grand nombre de faits soigneusement étudiés, M. Bazin n'hésite pas à attribuer à cet insecte l'insuffisance des récoltes dont nous eûmes tant à souffrir durant les trois années qui précédèrent 1856 : dans certains champs, la perte s'éleva à près *de moitié de la récolte.*

Pour le colza, une monographie très-bien faite par l'un des professeurs de l'ancien Institut de Versailles, a constaté, d'après des expériences faites avec le plus grand soin, sur une récolte dépendant de cet établissement : — que, sur vingt siliques, prises au hasard et fournissant cinq cent quatre graines, deux cent quatre-vingt-seize graines seulement étaient saines; le surplus avait été mangé par les insectes, ou s'était flétri par l'effet de leurs piqûres; — que par suite il y avait eu perte, en huile, de 32, 8 0/0; et plus spécialement que, *sur une récolte ayant produit 4,500 francs, il fallait compter une perte de 2,700 francs,* qui, si elle eût pu être évitée, aurait porté le produit à 7,200 francs.

En Allemagne, au témoignage de Latreille, la nonne (*phalæna monacha*) a fait périr des forêts entières. — En 1810, les bostriches avaient tellement envahi la forêt de Tannesbusch, située dans le département de Roër, qu'un décret dut ordonner d'abattre la forêt et de brûler, sur place, les branches, racines et bruyères. — Dans la Prusse orientale, il a fallu abattre, il y a trois ans, dans les forêts de l'Etat, plus de vingt-quatre millions de mètres cubes de sapins, contrairement à tous les règlements forestiers, mais parce que les arbres périssaient sous les attaques des insectes.

3.

Nos amiraux vous parleront, avec plus d'autorité que moi, des termites qui, principalement à La Rochelle et à Rochefort, détruisent les bois de nos chantiers maritimes et jusqu'aux registres des archives.

Si considérables que soient ces ravages, on s'étonne qu'ils ne le soient pas davantage encore, quand on considère la prodigieuse fécondité dont sont douées les espèces malfaisantes; et si Dieu n'y eût pourvu par des moyens dignes de sa sagesse, depuis longtemps toute végétation aurait disparu de la surface de la terre.

II. — Et, en effet, contre de tels ennemis l'homme est frappé d'impuissance.

Son génie peut mesurer le cours des astres, percer les montagnes, faire marcher un navire contre la tempête; les monstres des forêts, il les tue ou les soumet à ses lois; mais devant ces myriades d'insectes qui, de tous les points de l'horizon, viennent s'abattre sur ces champs cultivés avec tant de sueurs, sa force n'est que faiblesse. Son œil n'est pas assez perçant pour apercevoir seulement la plupart d'entre eux; sa main trop lente pour les frapper (1); et, d'ailleurs, quand il les écraserait

(1) La cécidomyie est un moucheron de deux millimètres de longueur; le charençon a cinq millimètres; la pyrale a vingt millimètres. — Quant aux œufs, ils sont presque imperceptibles, tant par leur petitesse que par les lieux où la plupart sont déposés.

par millions, ils renaissent par milliards. D'en haut,
d'en bas, à droite, à gauche, leurs innombrables
légions se succèdent et se relayent sans trève ni
repos. Dans cette indestructible armée, qui marche
à la conquête de l'œuvre de l'homme, chacun a son
mois, son jour, sa saison, son arbre, sa plante; chacun connaît son poste de combat, et nul ne s'y
trompe jamais.

Dès le commencement des âges, l'homme eût
succombé dans cette lutte inégale, si Dieu ne lui
eût donné, dans l'oiseau, un auxiliaire puissant,
un allié fidèle, qui s'acquitte à merveille de l'œuvre
que lui, homme, ne saurait accomplir.

Cette mission providentielle de l'oiseau a pu
passer longtemps pour une exagération poétique;
aujourd'hui, grâce aux travaux des naturalistes
modernes, et notamment de M. Florent Prévost,
aide-naturaliste à notre Muséum d'histoire naturelle, elle a pris rang parmi les vérités les mieux
démontrées de la science.

A l'aide des facilités qui lui ont été données par
les administrateurs des forêts et des domaines de
la Couronne, et dans une suite d'études, poursui-
vies avec persévérance *depuis bientôt quarante ans*,
ce modeste et savant investigateur est parvenu à
constater, expérimentalement, semaine par semaine, le régime alimentaire des oiseaux de nos
climats. Par l'examen attentif des débris trouvés

dans leurs estomacs, il a pu déterminer, pour chaque espèce, non-seulement dans quelle proportion elle se nourrit d'insectes, mais quelles espèces en particulier elle recherche et détruit, ou, par conséquent, quels végétaux elle protége contre leurs ennemis.

Les estomacs ainsi étudiés sont conservés sous une triple forme, et ils ont commencé une collection nouvelle qui prendra rang parmi les plus intéressantes du Muséum. De plus M. Florent Prévost a dressé des tableaux ingénieusement disposés, qui permettent de saisir facilement les résultats obtenus.

Ces travaux, encore inédits pour la plupart, dont le mérite a été mis plus d'une fois en lumière par M. Geoffroy Saint-Hilaire, ont reçu de l'Académie des sciences et de plusieurs sociétés savantes les plus honorables témoignages d'approbation. Avec un empressement dont nous sommes heureux de le remercier ici publiquement, M. Florent Prévost a bien voulu mettre à la disposition de votre rapporteur ses collections, ses tableaux et surtout l'inépuisable obligeance dont notre inexpérience avait tant de besoin.

Nous ne pouvons songer à faire passer sous les yeux de l'Assemblée ces intéressants documents; mais pour peu que quelqu'un de nos collègues en témoignât le désir, nous pourrions joindre à ce rapport, dans l'impression de nos procès-verbaux, deux ou trois de ces tableaux, qui donneraient une idée du degré de certitude auquel la méthode de l'habile naturaliste a pu le conduire sur des faits qui en paraissent peu susceptibles.

De l'ensemble de ces remarquables recherches, il résulte qu'au point de vue des services rendus à l'agriculture, les trois cent trente espèces d'oiseaux qui pondent dans notre pays, peuvent se ranger en trois classes principales.

1re CLASSE. — Dans la première classe nous rangerons les oiseaux bien décidément *nuisibles,* du moins indirectement, en ce qu'ils détruisent beaucoup d'oiseaux insectivores : ce sont, dans l'ordre des *rapaces*, presque tous les oiseaux *diurnes*, et dans celui des *omnivores*, les corbeaux, les pies et les geais. — Dans cette proscription en masse de ces deux ordres malfaisants, la justice veut toutefois qu'on fasse une honorable exception en faveur de la buse commune et de la buse bondrée, dont chaque individu détruit environ six mille souris par an; et surtout qu'on fasse grâce entière à la corneille freu ou *moissonneuse*, qui rend tant de services pour la destruction du ver blanc, et qui se distingue aisément des autres corvidés par les reflets métalliques de son plumage.

2e CLASSE. — Dans la deuxième classe viennent se placer les *granivores*, ou, plus exactement, les oiseaux à double alimentation; car, à l'exception du pigeon, il n'est pas un oiseau qui soit purement granivore : tous se nourrissent, en même temps ou suivant les saisons, de grains et d'insectes. Nuisibles sous le premier rapport, utiles sous le second, il y aurait, suivant M. Geoffroy Saint-Hilaire, à établir la balance entre les services qu'ils rendent et le mal qu'ils font : tels sont les moineaux et autres gros-becs. — Plus hardis, M. Florent Prévost et quelques autres naturalistes estiment que la somme des avantages dépasse de beaucoup celle des inconvénients; et les faits semblent justifier cette opinion.

Le plus mal famé de ces oiseaux suspects est sans contredit le moineau, si souvent flétri comme un pillard effronté. — Eh bien, si les faits mentionnés dans les pétitions sont exacts, à la différence de beaucoup de gens, cet oiseau vaudrait mieux que sa réputation. On raconte, en effet, que sa tête ayant été mise à prix en Hongrie et dans le pays de Bade, cet intelligent proscrit avait abandonné complétement ces deux pays; mais bientôt on reconnut que lui seul pouvait soutenir la guerre contre les hannetons et les mille insectes ailés des basses terres; et ceux-là mêmes qui avaient établi des primes pour le détruire, durent en établir de plus fortes pour en opérer le rapatriement : ce fut double dépense, châtiment ordinaire des mesnres

précipitées. — Le grand Frédéric avait aussi déclaré la guerre aux moineaux, qui ne respectaient
pas son fruit favori, la cerise; naturellement les
moineaux ne songèrent pas à résister au vainqueur
de l'Autriche, ils disparurent; mais, au bout de
deux ans, non-seulement il n'y eut plus de cerises,
mais encore il n'y eut presque plus d'autres fruits :
les chenilles les mangeaient tous; et le grand roi,
vainqueur sur tant de champs de bataille, s'estima
heureux de signer la paix, au prix de quelques cerises, avec les moineaux réconciliés.

Du reste, M. Florent Prévost a constaté que,
suivant les circonstances, les insectes entrent de
moitié au moins, souvent dans une proportion
beaucoup plus forte, dans le régime alimentaire du
moineau. C'est exclusivement avec des insectes que
cet oiseau nourrit son avide couvée; en voici une
preuve remarquable. A Paris, où cependant les
débris de nos propres aliments fournissent au moineau une nourriture abondante, qui semble devoir
le dispenser des fatigues de la chasse, un couple
de ces oiseaux ayant fait son nid sur une terrasse
de la rue Vivienne, on recueillit les élytres de
hannetons qui avaient été rejetés du nid; on en
compta mille quatre cents : c'était donc *sept cents
hannetons détruits par un seul ménage, pour l'alimentation d'une seule couvée* (1).

(1) Fait attesté verbalement au rapporteur par M. FLORENT

Ajoutons à la décharge de cet accusé qu'il est devenu presque domestique, en ce sens qu'il ne vit qu'auprès des demeures de l'homme ; et peut-être, lui aussi a-t-il été corrompu par l'excès de la civilisation.

A Montville (Seine-Inférieure), on avait aussi proscrit les corneilles ; on ne tarda pas à reconnaître que leurs ravages ne pouvaient se comparer à ceux qu'elles empêchaient ; et la corneille fut honorablement réhabilitée.

IIIᵉ Classe. — Si les moineaux et les corvidés nous font payer leurs services, voici d'autres oiseaux, et ils sont beaucoup plus nombreux, qui nous en rendent à titre purement gratuit.

Ce sont d'abord les oiseaux de proie *nocturnes*, chouettes, effraies, scops, hiboux (1), que l'ignorance poursuit sottement comme animaux de mauvais augure. L'agriculture devrait les bénir ; car, dix fois mieux que les meilleurs chats, et sans menacer comme ceux-ci le rôt et le fromage, les oiseaux de cet ordre font une guerre acharnée aux rats et aux souris, si funestes aux récoltes engrangées, et détruisent, dans les champs, d'innombrables quanti-

Prévost. — Voir en outre M. Chatel, *Utilité et réhabilitation du moineau.* (Angers 1858) ; — M. Dupont, dans les Transactions *of the royal Society mauritais ; — Bulletin de la Société d'acclimatation de Nancy,* 1859, p. 356.)

(1) On compte neuf espèces dont sept sont sédentaires.

tés de campagnols, de mulots, de loirs et de lérots qui, sans ces nocturnes chasseurs, deviendraient un fléau intolérable (1). — En signalant les ravages causés par ces petits rongeurs dans les semis et plantations, Buffon donne une idée de leur multiplication : en trois semaines, il en fit prendre plus de deux mille dans une pièce de quarante arpents (2). — D'après les observations du naturaliste anglais Whitte, un couple d'effraies détruit, chaque jour, au moins cent cinquante petits rongeurs : quel es le chat qui pourrait donner un tel résultat (3)?

Ajoutons que, seuls, ces oiseaux peuvent faire la chasse aux papillons de nuit et aux insectes crépusculaires, dont plusieurs sont fort nuisibles (4).

Enfin, Messieurs les Sénateurs, mais incontestablement au premier rang, pour les services qu'ils nous rendent, viennent tous les oiseaux purement

---

(1) Gloger, dans l'ouvrage déjà cité, page 301, raconte que, en 1857, dans une terre située près de Breslau, en Silésie, on prit deux cent mille souris en six semaines. La fabrique de poudrette de Breslau les payait un centime la douzaine, et, à ce prix, les preneurs les plus adroits gagnaient jusqu'à vingt-deux sols par jour. Elles entrèrent en si grande foule dans les granges, qu'on en tua plus de deux mille devant celle d'un des moindres propriétaires, pendant qu'on la vidait pour la nettoyer.

(2) BUFFON, *Histoire naturelle*, tom. VII, p. 328 et suiv.

(3) Tsuchi, déjà cité, page 23.—Mémoire de M. Chatel de Vire. — Lettre de M. Leroy-Girardot au *Journal du Loiret*.

(4) Tsuchi, déjà cité, page 23.

insectivores (1) : les grimpereaux, le pivert, l'engoulevent, les différentes espèces d'hirondelles, mais
surtout ces charmants musiciens des champs, tous
ces insectivores vulgairement désignés sous les
expressions collectives de *petits-pieds* ou *becs fins* :
rossignols, fauvettes, traquets, rouge-gorge, rouge-
queue, bergeronnettes, pipits, pouillots, roite-
lets et le troglodyte, cet ami des chaumières, qui,
tous, à l'envi, nous rendent d'inappréciables services, services aussi gratuits que mal récompensés,
parce qu'on ne s'en fait pas une idée suffisamment
exacte.

Permettez-moi donc d'en citer un exemple qui
m'est fourni par l'un des tableaux de M. Florent
Prévost, relatif au martinet. Dix de ces oiseaux furent tués du 15 avril au 29 août, à la fin de la journée, au moment où ils rentrent au nid. Les insectes,
dont les débris furent retrouvés dans les estomacs,
ne montaient pas à moins de *cinq mille quatre cent
trente-deux*, ce qui donne, pour chaque jour et
pour chaque oiseau, une moyenne de cinq cent
quarante-trois insectes détruits. Un autre tableau
présente des résultats analogues pour la fauvette
d'hiver. Et, parmi les insectes ainsi anéantis, figu-
rent précisément les plus redoutables pour nous :

(1) On en compte en France soixante-neuf espèces, dont vingt-
cinq seulement sont sédentaires.

le charençon des blés, la pyrale, le hanneton, et une foule d'autres coléoptères destructeurs.

Or, ce que cause de mal un seul de ces insectes, vous pouvez, Messieurs les Sénateurs, vous en faire une idée, en vous rappelant que le hanneton pond de soixante-dix à cent œufs, bientôt transformés en autant de vers blancs qui, pendant une ou deux années, vivent exclusivement aux dépens des racines de nos végétaux les plus précieux. Le charençon du blé produit soixante-dix à quatre-vingt-dix œufs, qui, déposés dans autant de grains de blé, s'y développent en larves qui en dévorent le contenu ; c'est donc la valeur d'un épi au moins perdue par le fait d'un seul charançon. La pyrale pond cent à cent trente œufs déposés dans autant de bourgeons à grappes. Ainsi attaqué, le bourgeon se flétrit et tombe. Voilà *cent à cent trente grappes de raisin qu'une seule pyrale détruit en leur germe.*

Et maintenant, si vous rapprochez les deux ordres de chiffres que je viens de mettre sous vos yeux, en admettant que, sur les cinq cents insectes détruits en un jour par un seul oiseau, il y ait seulement un *dixième* de ces êtres malfaisants : par exemple, quarante charançons et dix pyrales (et ces chiffres sont au-dessous de la vérité); *c'est, en moyenne, trois mille deux cents grains de blé et mille cent cinquante grappes de raisin qu'en un seul jour ce petit oiseau vous aura sauvés.*

Faites la part aussi large que vous voudrez aux autres causes naturelles qui auraient pu arrêter les ravages de ces insectes ; réduisez autant qu'il vous plaira celle de l'oiseau, il en restera toujours assez pour justifier ce mot profond d'un contemporain : *« L'oiseau peut vivre sans l'homme ; mais l'homme ne peut pas vivre sans l'oiseau. »*

Et, en effet, qui donc, excepté le petit oiseau, pourrait guetter et saisir le charançon, long de cinq millimètres, quand, au milieu d'un champ de blé, il s'apprête à déposer ses œufs dans les grains en voie de formation ? Qui pourrait saisir le papillon si petit de la pyrale alors que, dans le même but, il voltige autour des ceps ?

Qui pourrait surtout atteindre ces œufs et ces larves microscopiques, dont *une seule mésange consomme plus de deux cent mille en une année* (1)?

III. — Ces auxiliaires indispensables, ces amis et ces alliés fidèles, l'homme reconnaissant les aura sans doute pris sous sa protection spéciale ; il se sera appliqué à détruire les espèces ennemies qui leur font la guerre ; l'oiseau de proie, qui les saisit au vol, la couleuvre qui se glisse dans le nid pour dévorer la couvée et souvent la mère avec les petits.... Non, comme s'il voulait justifier, une fois de plus, cette apostrophe du fabuliste :

(1) Gloger, déjà cité, page 323.

Mais trouve bon qu'avec franchise,
En mourant, au moins je te dise,
Que le symbole des ingrats
Ce n'est pas le serpent, c'est l'homme....

c'est l'homme qui, par un étrange aveuglement, se montre le plus terrible ennemi de ces douces et utiles créatures. Plus cruel que le milan et que l'épervier, qui tuent pour se nourrir, lui tue pour le seul plaisir de détruire.

Le fusil n'est pas assez meurtrier; on le réserve d'ailleurs pour un plus noble gibier. C'est avec une multitude d'engins, filets, gluaux, collets, raquettes, sauterelles, etc., qu'il poursuit avec une rage aveugle ces amis aussi charmants qu'indispensables que la bonté de la Providence lui avait accordés.

Je vous épargnerai, Messieurs, la description de ces chasses barbares; il en est qui soulèvent le cœur de dégoût et d'horreur; la raquette ou sauterelle, par exemple, où la victime, ses pauvres petits os brisés par le piége, expire d'épuisement et de souffrance, après plusieurs heures d'agonie.

Mais ce qui peut vous être dit, c'est la désastreuse quantité d'oiseaux utiles qui, chaque année, sont ainsi voués à la mort dans toute la France et principalement dans l'est et le midi.

Dès que le retour du printemps ramène dans nos

contrées, par les bords de la Méditerranée, ces alliés fidèles que nos hivers ont forcés à l'émigration, voici l'accueil qui leur est fait. Aux environs de Marseille et de Toulon et des autres villes et villages de la côte, toutes les hauteurs sont garnies d'engins de chasse; et, au témoignage d'un homme digne de foi qui a étudié spécialement le sujet, M. Sacc, pendant les quelques mois que dure la chasse, chaque chasseur détruit de cent à deux cents becs-fins, par jour. La pétition du comice de Toulon n'exagère donc rien, quand elle affirme que c'est par *myriades* que ces oiseaux sont détruits au passage, au grand dommage de nos départements du centre et du nord, où ils n'arrivent plus qu'en nombre insuffisant pour remplir leur mission providentielle.

Dans l'est, et notamment dans l'ancienne Lorraine, des faits analogues se reproduisent, ainsi que l'atteste la pétition de la Société d'acclimatation de Nancy (1).

Et pourquoi cette *boucherie*, comme l'appelle le comice de Toulon? Invoquera-t-on le droit pour l'homme de se nourrir des animaux? Mais ce n'est pas sérieusement qu'on voudrait légitimer ainsi la destruction de ces petits êtres dont chacun fait à

(1) M. le baron Dumast, dans un extrait du *Bulletin de la Société d'acclimatation du Nord-Est,* joint à l'une des pétitions.

peine une bouchée. Est-ce aussi une nourriture que ces oiseaux-mouches de l'ancien monde, le troglodyte et le roitelet, qui ne sont qu'une bouffée de plumes? — Non, ce n'est pas alimentation, c'est gourmandise brutale qu'il faudrait dire.

Et cependant, si on calcule, même au plus bas, combien de sacs de blé, de tonneaux de vin et d'huile représente une de ces *brochettes* de victimes dont il est d'usage de parer la table en certains pays, on demeurera convaincu que Lucullus, dans toute sa gloire, ne fit jamais repas si coûteux, et que, pour trouver exemple d'un tel luxe, il faudrait remonter à la fameuse perle de Cléopâtre.

Au surplus, cette misérable excuse de la sensualité satisfaite ne saurait même être invoquée par ces chasseurs, qui, pour faire parade d'adresse, ou même simplement pour décharger leur arme avant de rentrer au logis, abattent l'hirondelle au vol rapide, la mère peut-être, qui porte la nourriture à la jeune couvée affamée. A ces hommes, si cruels par irréflexion, n'est-il pas permis de faire observer qu'en détruisant cinq cents insectes dans cette journée que leur plomb meurtrier a fait la dernière pour elle, *cette pauvre hirondelle avait mieux mérité de l'humanité que dix chasseurs revenant à la maison la gibecière pleine.*

N'est-ce pas aussi par pure ignorance que l'habitant des campagnes cloue, sur sa porte, avec un sot orgueil, le hibou, l'engoulevent, le scops, dont sa malencontreuse adresse vient de priver ses champs et ses greniers? Que n'y cloue-t-il plutôt son chat.

Et comme si ce n'était pas assez des hommes dans cette guerre d'extermination, voilà les enfants qui viennent y prendre part avec l'impitoyable insouciance de leur âge.

Cet âge est sans pitié

a dit La Fontaine. Oh ! oui véritablement sans pitié sont ces enfants des campagnes, qui font l'école buissonnière pour aller *dénicher des nids,* comme ils disent. Les œufs et les jeunes couvées, tout leur est bon : n'ont-ils pas à briser les uns, à faire périr misérablement les autres de faim et de tortures?

Et les parents de ces jeunes drôles, au lieu de les renvoyer à l'école convenablement fustigés, assistent avec une froide indifférence à ces actes de cruauté.

Ce qu'on détruit de cette manière est incalculable ; ceux qui ont habité la campagne savent qu'il n'est pas rare de voir un enfant, au bout de sa journée, rapporter une centaine d'œufs de toute provenance (1).

Comment ces races sans défense ont-elles pu survivre à cette guerre acharnée ?... c'est un de ces mystères que peut seule expliquer la merveilleuse bonté avec laquelle Dieu répare sans cesse les fautes de l'homme, sa créature de prédilection.

Ne nous faisons pas d'illusion, toutefois ; le mal est grand ; et si l'on n'y prend garde, bientôt peut-être sera-t-il sans remède.

Déjà des races utiles ont complétement abandonné notre pays. Pour n'en citer qu'un exemple, malgré les poétiques fictions qui semblaient devoir la protéger, la cigogne ne fait plus son nid sur les toits de nos maisons ; elle ne traverse plus qu'à tire-d'ailes un pays inhospitalier qu'autrefois elle purgeait de vipères et autres reptiles venimeux. — Les petites espèces ont beaucoup diminué et diminuent chaque jour davantage ; les insectes se multiplient en proportion et causent des dommages croissants à l'agriculture.

(1) D'après un calcul, qui ne peut évidemment être qu'approximatif, M. Gosselin estime qu'on détruit annuellement en France de quatre-vingts à cent millions d'œufs d'oiseaux : c'est par mille milliards qu'il faut compter les insectes qu'auraient détruits les oiseaux produits par les œufs. (Note manuscrite communiquée par M. Geoffroy Saint-Hilaire.)

Le mal est grand, encore une fois, le danger imminent; il faut des remèdes prompts et énergiques... Voilà ce que vous crient les honorables pétitionnaires, et avec eux nombre de conseils-généraux, ainsi que les sociétés de tout genre qui s'occupent, à des titres divers, d'agriculture et de zoologie. C'est ce que vous répètent, avec un accord chaque jour plus unanime et plus pressant, les naturalistes et les agriculteurs les plus distingués, qui, par état ou par vocation, se sont occupés de cette question, MM. Geoffroy Saint-Hilaire, Florent Prevost, Sacc, Gloger, Kœchlin, Dumast, Jonquières-Antonelle, Châtel, Gadebled, Valserres et tant d'autres dont nous n'avons été, en ce rapport, que l'écho très-affaibli. »

Toutes ces vérités, si clairement démontrées, ont ému l'administration, et comme la loi contenait le remède au mal signalé, Son Excellence M. le Ministre de l'Intérieur, se hâta d'en prescrire l'application.

Le remède, il est vrai, est facultatif, car la loi porte :

« Les Préfets *pourront* prendre des arrêtés POUR PRÉVENIR LA DESTRUCTION DES OISEAUX. »

Mais en présence de la démonstration si bien développée par M. Bonjean, M. le Ministre de l'Intérieur n'avait pas à hésiter, et à la date du 8 juillet 1861, M. le comte de Persigny rappelait à MM. les Préfets les moyens que la loi a mis à leur disposition pour *prévenir* la *destruction des petits oiseaux*; il recommandait en même temps à ces fonctionnaires de réviser les arrêtés qui régissent la police de la chasse dans chaque département, de manière à conserver à l'agriculteur ses utiles auxiliaires.

Mais, nous ne saurions trop le répéter, pour que les vues bienveillantes de l'administration soient couronnées d'un légitime succès, il faut, il est indispensable que les faits qui ont motivé ces instructions récentes soient connus de tous, il faut surtout que les jeunes enfants des campagnes soient de bonne heure initiés aux grandes vérités si bien développées devant le Sénat.

Ainsi que M. Bonjean, nous avons visité, au Muséum, le cabinet de M. Florent Prévost, et nous avons pu constater avec admiration le travail minutieux auquel ce savant s'est livré depuis de longues années, pour arriver à préciser en quelque sorte mathématiquement les qualités diverses des oiseaux par rapport à l'agriculture.

C'est un travail gigantesque dont nous détachons seulement une page. C'est un des tableaux demandés récemment à la science par M. le Ministre de l'Intérieur, afin de procéder à une révision complète de la police de la chasse, dans l'intérêt de l'agriculture.

Le tableau que nous produisons ici désigne parmi cette multitude d'oiseaux qui animent nos bois et nos campagnes, ceux dont les estomacs, vérifiés à toutes les époques de l'année, ont témoigné qu'ils étaient plus nuisibles qu'utiles. Ce tableau, précieux résultat de milliers d'expériences, doit être le conseiller permanent de l'agriculteur et du chasseur ; il devra servir de sauf-conduit aux autres oiseaux qui, *tous*, en dehors de ce tableau, rendent de véritables et immenses services à nos campagnes.

EXTRAIT de la Circulaire de M. le Ministre de l'Intérieur, en date du 28 août 1861 :

« Le travail ci-après, dû aux soins de MM. les professeurs administrateurs du Muséum d'histoire naturelle, contient la désignation des espèces qui peuvent être considérées comme nuisibles. »

Catalogue des Oiseaux nuisibles qui habitent dans les diverses régions de la France.

FAMILLES.	GENRES.	ESPÈCES.
	1er ORDRE. — OISEAUX DE PROIE.	
	Gypaëte	Barbu.
	Faucon	Pèlerin. Hobereau. Émérillon. Cresserelle. Kobez. Concolore. Éléonore.
	Aigle	Fauve. Bonnelli. Criard.
Diurnes	Circaëte	Jean-le-Blanc.
	Balbuzard	Fluviatile.
	Pygargue	Ordinaire.
	Autour	Vulgaire.
	Épervier	Vulgaire.
	Milan	Royal. Noir.
	Buse .	Commune. Patue.
	Buzard	Des marais. Saint-Martin. Montagu.
Nocturnes	Hibou	Grand-duc.

FAMILLES.	GENRES.	ESPÈCES.
2e ORDRE. — PASSEREAUX.		
Dentirostres. . .	Pie-grièche. . . .	Grise.
Conirostres. . . .	Bec croisé.	Des pins:
	Corbeau	Noir.
	Corneille.	Noire. / Mentelée.
4e ORDRE. — GALLINACÉS.		
Passeripèdes. . .	Colombe.	Ramier. / Colombin. / Biset.
6e ORDRE. — PALMIPÈDES.		
Plongeurs.	Grèbe	Huppé. / Jou-gris.
	Plongeon.	Imbrim. / Lumme. / Cat-marin.
Longipennes . . .	Pétrel	Puffin.
	Goëland	A manteau noir. / A manteau gris.
Totipalmes. . . .	Cormoran	Ordinaire.
	Fou	De Bassan.
Lamellirostres .	Harle.	Vulgaire. / Huppé.

Aujourd'hui tous les arrêtés qui réglementaient l'exercice de la chasse dans chaque département, ont été révisés dans le sens des instructions de M. le Ministre de l'Intérieur, et une protection éclairée est désormais assurée aux utiles auxiliaires du laboureur.

Nous produisons ci-après l'ordonnance prise, conformément à ces instructions, par M. le Préfet de police, en ce qui concerne l'exercice de la chasse dans le département de la Seine ; tous les départements sont également pourvus actuellement de réglementations analogues.

ORDONNANCE

CONCERNANT

LA CHASSE DES OISEAUX DE PASSAGE, LE GIBIER D'EAU, LE TRANSPORT ET LA VENTE DES LAPINS DE GARENNE, LA CONSERVATION DES PETITS OISEAUX ET LA DESTRUCTION DES ANIMAUX MALFAISANTS ET NUISIBLES.

Paris, le 31 janvier 1862.

NOUS, PRÉFET DE POLICE,

Vu la loi du 3 mai 1844, sur la police de la chasse, et les circulaires de M. le Ministre de l'Intérieur, en date du 22 juillet 1851, 27 janvier et 19 juillet 1858, et 8 juillet 1861 ;

Vu les arrêtés du gouvernement du 12 messidor

an VII (1ᵉʳ juillet 1800) et 3 brumaire an IX (25 octobre 1800);

Vu la délibération du conseil-général du département de la Seine, dans sa session du mois de
novembre 1844, insérée dans le *Moniteur* du 5 décembre suivant;

Vu l'ordonnance de police du 15 février 1858;

Vu aussi celle du 25 juillet 1858,

Attendu les réclamations auxquelles a donné lieu,
dans quelques localités, la destruction des petits
oiseaux;

Considérant que, *dans l'intérêt de l'agriculture et
pour la conservation des oiseaux qui lui sont utiles,*
il importe d'établir la nomenclature des oiseaux
nuisibles, dont la destruction peut être autorisée,

ORDONNONS ce qui suit :

ARTICLE PREMIER.

La chasse des oiseaux de passage sur terre ne
sera permise dans le département de la Seine, que
pendant le temps où la chasse des autres espèces
de gibier est ouverte. Elle ne pourra avoir lieu que
pendant le jour et au moyen du fusil.

II.

Les oiseaux de passage aquatiques pourront seuls
être chassés en tout temps, sur les rivières et
étangs, mais au fusil et en bateau seulement.

III.

Il est permis, en tout temps, au propriétaire, possesseur ou fermier, de tirer avec des armes à feu, ou de prendre aux piéges, autres que les lacets, sur ses terres ou récoltes seulement, les sangliers, les loups, renards, fouines, blaireaux, chats sauvages, belettes et putois.

IV.

Dans les conditions de l'article précédent, la destruction des oiseaux nuisibles ci-après désignés, pourra avoir lieu à l'aide de piéges pendant le temps où la chasse est close :

La pie, le corbeau, le faucon (hobereau, émerillon et cresserelle), le balbuzard fluviatile, la pygargue ordinaire, l'autour vulgaire, l'épervier, le milan royal, la buse commune, le buzard (de Marais et Saint-Martin), la pie-grièche grise, la corneille noire et mantelée et le pigeon-ramier.

V.

La destruction des lapins pourra avoir lieu pendant le temps où la chasse est close, mais seulement à l'aide de furets et de bourses.

Pendant le même temps, la vente et le colportage desdits lapins de garenne continueront à être autorisés.

5.

VI.

Dans aucun cas, les autres animaux malfaisants ou nuisibles, ayant le caractère de gibier dont la destruction est autorisée par les articles III et IV ci-dessus, ne pourront être mis en vente, vendus, achetés ni colportés pendant que la chasse sera close.

VII.

Il est formellement interdit de faire usage de panneaux, de filets de toute espèce, d'appeaux, appelants et chanterelles, de lacets, collets et autres engins analogues.

La chasse aux petits oiseaux à l'aide de ces engins est interdite en tout temps.

Le miroir, qu'on est dans l'habitude d'employer pour la chasse à tir des alouettes, n'est pas considéré comme engin prohibé.

VIII.

Il est défendu de prendre et de détruire les nids et couvées d'oiseaux, à l'exception de ceux des oiseaux désignés dans l'article IV ci-dessus.

IX.

La chasse est expressément interdite dans la plaine, aussi bien que dans les bois et forêts, toutes les fois que la terre est couverte de neige,

Cette disposition n'est pas applicable à la chasse du gibier d'eau dans les marais, sur les étangs, canaux, fleuves et rivières, ni à la destruction des animaux malfaisants ou nuisibles.

X.

Nul ne pourra se livrer à la chasse des oiseaux de passage et du gibier d'eau sans être muni d'un permis de chasse obtenu conformément aux prescriptions de la loi.

Le propriétaire, possesseur ou fermier, n'aura pas besoin de ce permis pour repousser et détruire sur ses terres, même avec des armes à feu, les bêtes fauves qui porteraient dommage à ses propriétés.

XI.

Ceux des animaux nuisibles ou malfaisants qui ont le caractère de gibier, et qui auront été détruits dans les conditions de l'article X ci-dessus ou dans les battues régulièrement ordonnées par des arrêtés spéciaux, ne pourront être consommés que sur place, sans jamais pouvoir être ni colportés ni vendus.

XII.

Tout individu qui, sous prétexte de détruire des animaux nuisibles ou malfaisants, se livrerait à l'exercice de la chasse, en temps prohibé ou sans être muni d'un permis de chasse, sera poursuivi conformément à la loi.

XIII.

L'ordonnance de police du 17 février 1858 et celle du 25 juillet suivant sont rapportées.

XIV.

La présente ordonnance sera imprimée, publiée et affichée, et les contraventions qui y seraient faites seront constatées par des procès-verbaux et déférées aux tribunaux compétents.

MM. les sous-préfets de Sceaux et de Saint-Denis, les maires et adjoints, et les commissaires de police des communes rurales, les gardes champêtres et forestiers, et la gendarmerie, sont chargés, chacun en ce qui le concerne, d'assurer l'exécution de la présente ordonnance.

Le Préfet de Police,
BOITTELLE.

Nous allons maintenant examiner rapidement les autres dispositions de cet important article de la loi :

Dans la première partie, il prohibe d'une manière formelle tous les genres de chasse, à l'exception de la chasse *de jour à tir ou à courre* et de la chasse du lapin à l'aide de furets et de bourses.

Sans faire une nomenclature des divers engins de chasse, qui aurait été incomplète, cet article embrasse dans sa prohibition générale l'emploi des panneaux et des filets, l'usage meurtrier des lacets, des collets, et en un mot, de tous les instruments qui ne sauraient favoriser que les braconniers ou développer chez de jeunes enfants des habitudes déplorables de destruction.

Nous devons cependant faire remarquer que la *chasse au miroir* est permise.

Le miroir ne saurait, en effet, être considéré comme un *engin* de chasse dans le sens que la loi a attaché à ce mot. Le mot *engins* doit s'entendre d'objets ou d'instruments qui *matériellement* et *directement* saisissent ou tuent le gibier ou les oiseaux, *sans que l'emploi du fusil soit nécessaire,* — tels sont les piéges, lacets, etc., — tandis que le *miroir* n'est qu'un accessoire de la chasse à tir (un arrêt de la cour de Grenoble du 2 janvier 1845, confirmé par la Cour de Cassation, a consacré cette doctrine.)

Le troisième paragraphe de l'article 9 prescrit aux préfets de prendre des arrêtés pour déterminer :

1º *L'époque* de la chasse des oiseaux de passage, *autres que la caille* et les modes et procédés de cette chasse ;

2º *Le temps* pendant lequel il sera permis de

chasser le gibier d'eau dans les marais, sur les étangs, fleuves et rivières.

En présence de la protection due aux oiseaux qui délivrent les plantes des insectes, il est évident que les facilités qui pourront être données pour chasser les oiseaux de passage ne sauraient s'appliquer aux petits oiseaux dits *becs fins.*

Cette facilité concédée par notre article doit concilier avec les besoins de l'agriculture les habitudes de quelques régions du territoire, traversées à certaines époques de l'année par plusieurs espèces d'oiseaux, notamment par des palmipèdes et des échassiers.

On devra en user avec une grande réserve afin de ne pas rendre illusoire la protection qui est due aux oiseaux utiles.

Les préfets pourront du reste interdire tout autre mode de chasser que celui au fusil, *même pour la chasse des oiseaux de passage.*

La loi de 1844 permet aux propriétaires, possesseurs ou fermiers de repousser, même avec des armes à feu, les bêtes fauves qui porteraient dommage à leurs propriétés, mais elle veut que le préfet règle par un arrêté la nomenclature des espèces d'animaux malfaisants ou nuisibles que le propriétaire ou fermier pourra tuer sur ses terres, et qu'il fixe les conditions de l'exercice de ce droit.

Tout citoyen devra donc sous ces divers rapports

s'éclairer en prenant connaissance de l'arrêté préfectoral qui règle les chasses exceptionnelles *dans chaque département.*

Le paragraphe qui permet l'emploi du *chien lévrier* pour la destruction des animaux nuisibles, en interdit implicitement l'emploi pour les chasses ordinaires.

Les préfets pourront aussi autoriser l'emploi du fusil et, au besoin, des chiens courants pour détruire les lapins ; les demandes d'autorisation devront être remises aux maires, qui les transmettront au sous-préfet avec leur avis et le préfet statuera.

ART. 10.

Des ordonnances royales détermineront la gratification qui sera accordée aux gardes et gendarmes rédacteurs des procès-verbaux ayant pour objet de constater les délits..

SECTION II. — DES PEINES.

ART. 11.

Seront punis d'une amende de 16 à 100 francs :

1° Ceux qui auront chassé sans permis de chasse.

2° Ceux qui auront chassé sur le terrain d'autrui sans le consentement du propriétaire ;

L'amende pourra être portée au double si le délit a été commis sur des terres non dépouillées de leurs fruits, ou s'il a été commis sur un terrain entouré d'une clôture continue faisant obstacle à toute communication avec les héritages voisins, mais non attenant à une habitation;

Pourra ne pas être considéré comme délit de chasse le fait du passage des chiens courants sur l'héritage d'autrui, lorsque ces chiens seront à la suite d'un gibier lancé sur la propriété de leurs maîtres, sauf l'action civile, s'il y a lieu, en cas de dénonciation;

3° Ceux qui auront contrevenu aux arrêtés des préfets concernant les oiseaux de passage, le gibier d'eau, la chasse en temps de neige, l'emploi des chiens lévriers, ou aux arrêtés concernant la destruction des oiseaux et celle des animaux nuisibles ou malfaisants;

4° Ceux qui auront pris ou détruit, sur le terrain d'autrui, des œufs ou couvées de faisans, de perdrix ou de cailles;

5° Les fermiers de la chasse, soit dans les bois soumis au régime forestier, soit sur les propriétés dont la chasse est louée au profit des communes et des établissements publics, qui auront contrevenu aux clauses et conditions de leurs cahiers de charges relatives a la chasse.

Art. 12.

Seront punis d'une amende de cinquante à deux cents francs, et pourront, en outre, l'être d'un emprisonnement de six jours à deux mois :

1° Ceux qui auront chassé en temps prohibé ;

2° Ceux qui auront chassé pendant la nuit ou à l'aide d'engins ou instruments prohibés, ou par d'autres moyens que ceux qui sont autorisés par l'article 9 ;

3° Ceux qui seront détenteurs ou ceux qui seront trouvés munis ou porteurs, hors de leur domicile, de filets, engins ou autres instruments de chasse prohibés ;

4° Ceux qui, en temps où la chasse est prohibée, auront mis en vente, vendu, acheté, transporté ou colporté du gibier ;

5° Ceux qui auront employé des drogues ou appâts qui sont de nature à enivrer le gibier ou à le détruire ;

6° Ceux qui auront chassé avec appeaux, appelants ou chanterelles.

Les peines déterminées par le présent article pourront être portées au double contre ceux qui auront chassé pendant la nuit sur le terrain d'autrui, et par l'un des moyens spécifiés au paragraphe 2, si les chasseurs étaient munis d'une arme apparente ou cachée.

Les peines déterminées par l'article 11 et par le présent article seront toujours portées au maximum lorsque les délits auront été commis par les gardes champêtres ou forestiers des communes, ainsi que par les gardes forestiers de l'État et des établissements publics.

ART. 13.

Celui qui aura chassé sur le terrain d'autrui sans son consentement, si ce terrain est attenant à une maison habitée ou servant à l'habitation, et s'il est entouré d'une clôture continue faisant obstacle à toute communication avec les héritages voisins, sera puni d'une amende de cinquante à trois cents francs, et pourra l'être d'un emprisonnement de six jours à trois mois.

Si le délit a été commis pendant la nuit, le délinquant sera puni d'une amende de cent francs à mille francs, et pourra l'être d'un emprisonnement de trois mois à deux ans, sans préjudice, dans l'un et l'autre cas, s'il y a lieu, de plus fortes peines prononcées par le Code pénal.

ART. 14.

Les peines déterminées par les trois articles qui précèdent pourront être portées au double si le délinquant était en état de récidive, et s'il était déguisé ou masqué, s'il a pris un faux nom, s'il a usé de violence envers les personnes, ou s'il a fait des menaces, sans préjudice, s'il y a lieu, de plus fortes peines prononcées par la loi.

Lorsqu'il y aura récidive dans les cas prévus en l'article 11, la peine de l'emprisonnement de six jours à trois mois pourra être appliquée si le délinquant n'a pas satisfait aux condamnations précédentes.

Art. 15.

Il y a récidive lorsque, dans les douze mois qui ont précédé l'infraction, le délinquant a été condamné en vertu de la présente loi.

Art. 16.

Tout jugement de condamnation prononcera la confiscation des filets, engins et autres instruments de chasse. Il ordonnera, en outre, la destruction des instruments de chasse prohibés. — Il prononcera également la confiscation des armes, excepté dans le cas où le délit aura été commis par un individu muni d'un permis de chasse, dans le temps où la chasse est autorisée. — Si les armes, filets, engins ou autres instruments de chasse n'ont pas été saisis, le délinquant sera condamné à les représenter en en payant la valeur, suivant la fixation qui en sera faite par le jugement, sans qu'elle puisse être au-dessous de cinquante francs. — Les armes, engins ou autres instruments de chasse abandonnés par les délinquants restés inconnus, seront saisis et déposés au greffe du tribunal compétent. La confiscation et, s'il y a lieu, la destruction en seront ordonnées sur le vu du procès-verbal. — Dans tous les cas, la quotité des dommages-intérêts est laissée à l'appréciation des tribunaux.

ART. 17.

En cas de conviction de plusieurs délits prévus par la présente loi, par le Code pénal ordinaire ou par les lois spéciales, la peine la plus forte sera seule prononcée.

Les peines encourues pour des faits postérieurs à la déclaration du procès-verbal de contravention pourront être cumulées, s'il y a lieu, sans préjudice des peines de la récidive.

ART. 18.

En cas de condamnation pour délits prévus par la présente loi, les tribunaux pourront priver le délinquant du droit d'obtenir un permis de chasse pour un temps qui n'excédera pas cinq ans.

Art. 19.

La gratification mentionnée en l'article 10 sera prélevée sur le produit des amendes.

Le surplus desdites amendes sera attribué aux communes sur le territoire desquelles les infractions auront été commises.

Art. 20.

L'article 463 du Code pénal ne sera pas applicable aux délits prévus par la présente loi.

———

Une ordonnance du Roi du 5 mai 1845, rendue pour l'exécution de ces dispositions, est conçue en ces termes :

« LOUIS-PHILIPPE, Roi des Français,

« A tous présents et à venir, salut.
« Sur le rapport de notre ministre secrétaire
« d'État au département de l'intérieur ;
« Vu les articles 10, 11, 12, 13, 14, 17 et 19 de
« la loi du 3 mai 1844, sur la police de la chasse ;
« Notre conseil d'État entendu,
« Nous avons ordonné et ordonnons ce qui suit :

6.

« Art. 1er. La gratification accordée aux gen-
« darmes, gardes forestiers, gardes champêtres et
« gardes assermentés des particuliers, qui consta-
« teront des infractions à la loi du 3 mai 1844, sur
« la police de la chasse, est fixée ainsi qu'il suit :

« Huit francs pour les délits prévus par l'ar-
« ticle 11 ;

« Quinze francs pour les délits prévus par l'ar-
« ticle 12 et l'article 13, no 1er ;

« Vingt-cinq francs pour les délits prévus par
« l'article 13, § 2.

« Art. 2. La gratification est due pour chaque
« amende prononcée ; elle sera acquittée par les
« receveurs de l'enregistrement, suivant le mode
« actuel et les règles de la comptabilité ordinaire.

« Art. 3. (1) Il sera tenu un compte spécial, par
« commune, du recouvrement des amendes ; ce
« compte sera réglé chaque année. Après prélè-
« vement des gratifications et de cinq pour cent
« pour frais de régie, le produit restant des amendes
« recouvrées sera compté à la commune sur le ter-
« ritoire de laquelle l'infraction aura été commise.

« En cas d'insuffisance de l'amende pour le
« paiement de la gratification, il ne sera, pour cet
« excédant, exercé aucun recours contre la com-
« mune.

(1) Cet article a été modifié par le décret du 18 août 1852 que
nous reproduisons plus loin, page 70.

« Les frais de poursuite tombés en non-valeurs
« seront remboursés conformément à l'article 6 de
« l'ordonnance du 30 décembre 1823.

« ART. 4. Il ne pourra être alloué qu'une seule
« gratification, lors même que plusieurs agents
« auraient concouru à la rédaction du procès-verbal
« constatant le délit.

« ART. 5. La présente ordonnance est applicable
« aux amendes qui auront été déjà prononcées en
« vertu de la loi du 3 mai 1844.

« ART. 6. Nos ministres secrétaires d'État de l'intérieur et des finances sont chargés de l'exécution
« de la présente ordonnance. »

———————

L'ordonnance qui précède a été commentée et
expliquée très-clairement dans une instruction du
directeur-général de l'enregistrement et des domaines, en date du 18 mai 1845 ; nous nous bornerons en conséquence à reproduire en partie ce
document, qui intéresse surtout les administrations
municipales, les receveurs de l'enregistrement et
les agents appelés par leurs fonctions à constater
les contraventions à la loi sur la police de la
chasse.

L'article 1er de l'ordonnance du 5 mai 1845 éta-
blit plusieurs quotités de gratifications, suivant la

nature et l'importance des délits, savoir : gratification de *huit francs* pour les délits prévus par l'article 11 de la loi du 3 mai 1844; — de *quinze francs* pour les délits énumérés à l'article 12 et au § Ier de l'article 13, c'est-à-dire pour le délit de chasse sur le terrain d'autrui sans son consentement, si ce terrain est attenant à une maison habitée ou servant d'habitation, et s'il est entouré d'une clôture continue faisant obstacle à toute communication avec les héritages voisins; — enfin, de *vingt-cinq francs* pour les délits prévus par le § 2 de l'article 13, c'est-à-dire pour ceux qui ont été commis la nuit.

On remarquera que *les gardes assermentés des particuliers* ont droit à la gratification pour les délits qu'ils constatent.

Aux termes de l'article 22 de la loi du 3 mai 1844, les délits de chasse peuvent être constatés par les maires et adjoints et par les commissaires de police. Mais les procès-verbaux rapportés par ces fonctionnaires ne donnent pas lieu à la gratification, dont l'allocation est limitée par l'article 10 aux gendarmes et gardes. D'après cette disposition restrictive de la loi, il n'a pas été possible non plus d'accorder la gratification aux employés des contributions indirectes et des octrois, spécialement chargés par l'article 23 de rechercher et de constater les délits prévus par le § 1er de l'article 4, et résultant de la mise en vente, de la vente, de l'achat, du transport et du colportage du gibier pendant le temps où la chasse n'est pas permise.

La gratification est due pour chaque amende prononcée. Cette disposition de l'article 2 de l'ordonnance du 5 mai 1845 est conforme au décret du 8 mai 1811, portant que la gratification est acquise par le fait de la condamnation du délinquant. Il ne peut au surplus, d'après l'article 4 de l'ordonnance, être alloué qu'une seule gratification pour chaque amende, quel que soit le nombre des agents qui ont concouru à la rédaction du procès-verbal constatant le délit.

Les gratifications seront désormais acquittées par le receveur de l'enregistrement du canton dont fait partie la commune sur le territoire de laquelle le délit aura été commis. En ce qui concerne les gendarmes, le paiement des gratifications sera ordonnancé au nom des conseils d'administration des compagnies de gendarmerie, au moyen de mémoires dressés dans la forme prescrite par la circulaire précitée de la comptabilité générale des finances, et appuyés d'extraits certifiés, sur papier *non timbré,* par le procureur du Roi ou le greffier du tribunal, des jugements de condamnation. Quant aux gardes, la gratification sera payée à chacun d'eux individuellement sur un mandat auquel sera annexé un semblable extrait du jugement.

Conformément à l'article 19 de la loi du 3 mai 1844, le produit des amendes, après le prélèvement des gratifications, est *attribué aux communes* sur le territoire desquelles les infractions ont été commises. Cette attribution comprend non-seulement les amendes sujettes à la gratification au profit des gendarmes; mais encore celles qui auront été prononcées sur les procès-verbaux des maires et adjoints, commissaires de police, employés des contributions indirectes et des octrois, lesquels, comme il a été dit ci-dessus, n'ont pas droit à la gratification.

Une légère modification a été apportée à l'article 3 de l'ordonnance du 5 mai 1845, par un décret du 18 août 1852, ainsi conçu :

18 AOUT 1852. — DÉCRET QUI MODIFIE L'ARTICLE 3 DE L'ORDONNANCE DU 5 MAI 1845.

ART. 1er. — L'article 3 de l'ordonnance du 5 mai 1845 est modifié ainsi qu'il suit :

Les receveurs de l'enregistrement tiendront un compte spécial, par commune, du recouvrement des amendes prononcées pour infraction à la loi du 3 mai 1844 sur la police de la chasse; ce compte sera réglé chaque année. Après prélèvement des gratifications et de cinq pour cent pour frais de régie, le produit restant des amendes recouvrées sera compté à la commune sur le territoire de laquelle l'infraction aura été commise. En cas d'excédant de dépense à l'époque du règlement, il ne sera exercé aucun recours contre la commune; mais cet excédant sera reporté au compte ouvert pour l'année suivante, dans lequel il formera le premier article de dépense.

Les frais de poursuite tombés en non-valeurs seront remboursés conformément à l'article 6 de l'ordonnance du 30 décembre 1823.

L'examen des diverses pénalités portées dans cette section démontre suffisamment l'intention du législateur; ces pénalités sont graduées suivant le plus ou moins d'importance des faits auxquels elles s'appliquent. Les minimums ont généralement été fixés très-bas afin de laisser aux tribunaux une grande latitude et de leur permettre de n'infliger qu'une peine légère à ceux qui commettront accidentellement des infractions sans gravité.

D'ailleurs les recours en grâce portés devant Sa Majesté l'Empereur, au moyen de pétitions visées par le maire de la commune du délinquant, sont toujours examinés avec le plus grand soin, et lorsque le délinquant n'est pas un braconnier et qu'il mérite, par sa réputation et son manque de fortune, l'indulgence du souverain, elle ne lui fait jamais défaut.

Les agents de l'autorité doivent donc prêter tout leur concours à l'exécution de la loi et des règlements sans avoir égard soit aux relations de voisinage, soit à la gravité des peines. L'efficacité de la loi est toute dans la manière dont elle est exécutée par les fonctionnaires chargés de constater les délits.

Les maires, comme chefs de la famille communale, devront donc veiller avec soin à ce que les gardes champêtres et les gendarmes fassent strictement leur devoir.

Toute négligence ou partialité reprochable aux agents de l'autorité devra immédiatement être signalée au sous-préfet, qui avisera aux moyens de ne pas laisser impunis les manquements aux obligations imposées aux fonctionnaires chargés de faire exécuter la loi.

C'est surtout aux gardes champêtres qu'il appartient de surveiller l'exécution de la loi du 3 mai 1844 et des arrêtés préfectoraux pris en vertu de cette loi. Ces fonctionnaires ont, en effet, été institués pour la conservation des fruits de la terre, des récoltes de toute nature et des propriétés rurales. (Loi du 6 octobre 1791, 3 brumaire an IV.) Qu'ils lisent donc avec attention nos observations sur l'article 9 de la loi, et ils comprendront toute l'importance de leur concours en ce qui concerne la protection qu'ils doivent aux oiseaux qui délivrent nos cultures des innombrables insectes qui les menacent.

Nous avons écrit ce petit livre sous une préoccupation constante, celle d'être à la portée de ces modestes auxiliaires de la loi. Nous avons l'espoir d'avoir atteint notre but par la simplicité même de nos explications.

Le complément nécessaire de cette partie de notre travail va se résumer dans quelques formules de procès-verbaux précis et complets, qui pourront servir de modèles aux gardes champêtres, qui, trop souvent, ignorent les formalités exigées pour la validité des actes qu'ils ont à rédiger.

PROCÈS-VERBAUX EN MATIÈRE DE CHASSE.

La loi exige l'accomplissement de quatre formalités essentielles pour la régularité d'un procès-verbal.

Il faut : 1° Qu'il soit signé par le garde champêtre ou le gendarme ;

2º Qu'il soit affirmé dans les vingt-quatre heures de sa rédaction ;

3º Que, dans le cas où le garde n'aurait pas écrit lui-même le procès-verbal, l'officier administratif ou militaire qui reçoit sa déclaration constate qu'il en a été donné lecture au déclarant ;

4º Que le procès-verbal soit enregistré dans les quatre jours de sa date, sous peine de 5 fr. 50 c. d'amende.

Il y a NULLITÉ chaque fois que l'une des trois premières formalités n'a pas été remplie.

La loi n'a pas, il est vrai, assujetti la rédaction des procès-verbaux à une forme déterminée ; il suffit qu'ils soient clairs et précis ; qu'ils contiennent :

1º En toutes lettres, les jours, mois, année et heure où ils ont été dressés ;

2º Les nom et prénoms du garde ou gendarme et sa qualité d'assermenté ;

3º La mention qu'il était revêtu du signe distinctif de ses fonctions lorsqu'il a constaté le délit.

4º La désignation exacte du lieu où le délit a été commis ;

5º L'indication de toutes les circonstances du délit ;

6º Les noms, âge, profession et demeure des délinquants, ou leur signalement s'ils sont inconnus ;

7º Les interpellations qui leur ont été faites, leur réponse ou leur refus de répondre ;

8° L'heure précise de la clôture du procès-verbal afin de pouvoir compter exactement le délai de l'affirmation ;

9° La signature du garde ou du gendarme qui a verbalisé.

Les ratures, dans le cas où il y aurait lieu d'en faire, doivent être approuvées par l'énoncé, en marge, du nombre des mots nuls avec la signature de l'agent ou du garde.

Les gardes champêtres ne devront pas oublier que les procès-verbaux en matière de délits de chasse ne sont pas seulement des actes de police administrative, mais aussi des actes de police judiciaire. A ce dernier titre, ils doivent être soumis au procureur impérial de l'arrondissement dans le délai de trois jours, y compris celui dans lequel a été constaté le fait qui y a donné lieu. (Art. 20 du Code d'inst. crim.)

MODÈLES DE PROCÈS-VERBAUX.

I

Procès-verbal de chasse sans permis.

Le. . . . , nous trouvant au lieu dit. . . . sur le territoire de la commune de. . . . nous avons rencontré un individu qui chassait avec (indiquer l'arme ou l'instrument de chasse) et ayant avec lui un chien. Nous lui avons demandé de nous exhiber son permis de chasse, ce qu'il n'a pu faire ; sur notre demande il a déclaré se nommer . . . . . . .être âgé de . . . . . et habiter . . . . ; nous lui avons en conséquence déclaré qu'il était en contravention à la loi et que nous en dresserions procès-verbal.

Clos et signé, le. . . . . .   à. . . . heure du . . . . .

(Ici la signature.)

II

Procès-verbal en temps de chasse prohibé.

Le (comme au n° 1) nous avons aperçu un individu armé d'un fusil et suivant un chien courant, qui était en pleine chasse ; nous l'avons reconnu pour être le sieur . . . ., et nous lui avons déclaré que la chasse étant fermée à partir du. . . . . par l'arrêté de M. le Préfet (le département), il était en contravention et que nous lui en dresserions procès-verbal.

Clos et signé,

III

Procès-verbal pour chasse sur terrain d'autrui.

Le . . . . ayant aperçu un individu armé d'un fusil qui ramenait une pièce de gibier dans une pièce de terre appartenant au sieur . . . . . de la commune de. . . . . . . , je lui ai déclaré qu'il n'était pas permis de chasser ainsi dans les propriétés d'autrui, et lui ayant demandé son permis de chasse, j'ai constaté qu'il se nommait . . . . . . , habitant la commune de. . . . . . , et j'ai dressé contre lui le présent procès-verbal.

Clos et signé,

IV

Procès-verbal pour chasse en temps de neige.

Le . . . . . , nous trouvant dans la commune de. . . . . . , au lieu dit. . . . , nous avons aperçu un individu armé d'un fusil et accompagné d'un chien courant qui donnait de la voix à quelque distance de lui. Nous étant approché

de lui, nous l'avons reconnu pour être le sieur
. . . . . . , et nous lui avons déclaré que
la chasse étant défendue en temps de neige, par
arrêté de M. le Préfet en date du . . . . . ,
il était en contravention audit arrêté et que nous
dresserions procès-verbal contre lui.

Clos et signé.

V

Procès-verbal à la suite de saisie d'armes ou d'engins.

Le. . . . . . , en tournée de surveillance
dans la commune de. . . . . . , au lieu dit
. . . . . . , nous avons surpris un individu
qui était occupé à tendre des filets (gluaux, trappes
ou autre engin prohibé); nous étant approché, nous
avons reconnu le jeune . . . . . . , âgé de
. . . . . , et nous lui avons déclaré que ses
parents étaient responsables de la contravention
qu'il venait de commettre, et, conformément à l'article 16 de la loi du 3 mai 1844, nous avons saisi
les filets pour les déposer au greffe du tribunal, et
nous avons dressé le présent procès-verbal, que
nous avons clos et signé.

SECTION III. — De la poursuite et du jugement.

Art. 21.

Les délits prévus par la présente loi seront prouvés, soit par procès-verbaux ou rapports, soit par témoins, à défaut de rapports et procès-verbaux, ou à leur appui.

Art. 22.

Les procès-verbaux des maires et adjoints, commissaires de police, officier, maréchal-des-logis ou brigadier de gendarmerie, gendarmes, gardes forestiers, gardes-pêche, gardes champêtres, ou gardes assermentés des particuliers, feront foi jusqu'à preuve contraire.

Art. 23.

Les procès-verbaux des employés des contributions indirectes et des octrois feront également foi jusqu'à preuve contraire, lorsque, dans la limite de leurs attributions respectives, ces agents rechercheront et constateront les délits prévus par le paragraphe 1er de l'article 4.

Art. 24.

Dans les vingt-quatre heures du délit, les procès-verbaux des gardes seront, à peine de nullité, affirmés par les rédacteurs devant le juge de paix ou l'un de ses suppléants, ou devant le maire ou l'adjoint, soit de la commune de leur résidence, soit de celle où le délit aura été commis.

Art. 25.

Les délinquants ne pourront être saisis ni désarmés; néanmoins, s'ils sont déguisés ou masqués, s'ils refusent de faire connaître leurs noms, ou s'ils n'ont pas de domicile connu, ils seront conduits immédiatement devant le maire ou le juge de paix, lequel s'assurera de leur individualité.

Art. 26.

Tous les délits prévus par la présente loi seront poursuivis d'office par le ministère public, sans préjudice du droit conféré aux parties lésées par l'article 182 du Code d'instruction criminelle.

Néanmoins, dans le cas de chasse sur le terrain d'autrui sans le consentement du propriétaire, la poursuite d'office ne pourra être exercée par le ministère public, sans une plainte de la partie intéressée, qu'autant que le délit aura été commis dans un terrain clos, suivant les termes de l'article 2, et attenant à une habitation, ou sur des terres non encore dépouillées de leurs fruits.

Art. 27.

Ceux qui auront commis conjointement les délits de chasse, seront condamnés solidairement aux amendes, dommages-intérêts et frais.

Art. 28.

Le père, la mère, le tuteur, les maîtres et commettants, sont civilement responsables des délits de chasse commis par leurs enfants mineurs non mariés, pupilles demeurant avec eux, domestiques ou préposés, sauf tout recours de droit.

Cette responsabilité sera réglée conformément à l'article 1384 du Code civil, et ne s'appliquera qu'aux dommages-intérêts et frais, sans pouvoir toutefois donner lieu à la contrainte par corps.

Art. 29.

Toute action relative aux délits prévus par la présente loi sera prescrite par le laps de trois mois, à compter du jour du délit.

———————————

SECTION IV. — Dispositions générales.

Art. 30.

Les dispositions de la présente loi relatives à l'exercice du droit de chasse ne sont pas applicables aux propriétés de la couronne. Ceux qui commettraient des délits de chasse dans ces propriétés seront poursuivis et punis conformément aux sections II et III.

Art. 31.

Le décret du 4 mai 1812 et la loi du 30 avril 1790 sont abrogés.

Sont et demeurent également abrogés *les lois, arrêtés, décrets et ordonnances intervenus* sur les matières réglées par la présente loi, *en tout ce qui est contraire à ses dispositions.*

La présente loi, discutée, délibérée et adoptée par la Chambre des Pairs et par celle des Députés, et sanctionnée par nous cejourd'hui, sera exécutée comme loi de l'État.

DONNONS EN MANDEMENT à nos Cours et Tribunaux,

Préfets, Corps administratifs, et tous autres, que les présentes ils gardent et maintiennent, fassent garder, observer et maintenir, et, pour les rendre plus notoires à tous, ils les fassent publier et enregistrer partout où besoin sera ; et, afin que ce soit chose ferme et stable à toujours, nous y avons fait mettre notre sceau.

Fait au palais des Tuileries, le troisième jour du mois de mai, l'an 1844.

Signé LOUIS-PHILIPPE.

Par le Roi :

Le Garde des sceaux de France, Ministre Secrétaire-d'État au département de la justice et des cultes,

Signé N. MARTIN (du Nord.)

Vu et scellé du grand sceau :

Le Garde des sceaux de France, Ministre Secrétaire d'État au département de la justice et des cultes,

Signé N. MARTIN (du Nord).

Pour copie conforme :

Le Conseiller de Préfecture, Secrétaire-Général,

LEMONNIER.

La troisième section de la loi relative à la poursuite et au jugement, renferme deux articles qui seuls comportent quelques mots d'explication.

L'article 23 porte que les procès-verbaux des employés des contributions indirectes et des octrois feront foi jusqu'à la preuve contraire, lorsque, DANS LA LIMITE DE LEURS ATTRIBUTIONS RESPECTIVES, ces agents rechercheront et constateront les délits prévus par le paragraphe 1er de l'article 4, c'est-à-dire la mise en vente, la vente, l'achat, le colportage et le transport du gibier en temps prohibé.

Les motifs de cette disposition sont évidents. Les infractions dont il s'agit ici ne sont en effet presque jamais constatées par les gardes et les gendarmes, appelés, par la nature de leurs fonctions, à rechercher plutôt les délits de chasse proprement dits qui se commettent au milieu des champs ou dans les bois; tandis que les préposés des octrois, placés à l'entrée des villes pour surveiller les objets qu'on veut y introduire; les employés des contributions indirectes, obligés, par état, de visiter les auberges et les lieux ouverts au public, pourront tout en remplissant leur mission, constater sans peine le transport et la vente illicite du gibier. Le concours de ces derniers agents était nécessaire à l'exécution d'une partie importante de la loi, telle est la cause du nouveau pouvoir qui leur a été conféré par l'article 23.

Une remarque essentielle à faire sur cet article,

c'est que, d'après ses termes, les fonctionnaires qu'il désigne ne pourront verbaliser valablement, qu'autant qu'ils agiront dans les limites de leurs attributions ordinaires, et, suivant un avis de M. le Ministre de la justice (circulaire du 9 mai 1844), les employés des contributions indirectes, ne pouvant faire de visites chez les aubergistes qui se sont rachetés de l'exercice par un abonnement, n'auraient pas le droit de se transporter chez ces derniers pour y rechercher du gibier en temps prohibé.

TITRE II

Les chasseurs ne sont pas moins intéressés que les agents de l'autorité à connaître les décisions judiciaires intervenues en matière de chasse, nous avons donc résumé d'une manière aussi succincte que possible, les arrêts qui sont un complément précieux pour l'interprétation du texte de la loi.

La Cour de Cassation a décidé qu'il y avait délit de chasse dans les cas suivants :

1º Pour avoir poursuivi le gibier sans permis, pour l'avoir attaqué avec des pierres, bâtons ou autres instruments. (Arrêt de la Cour de Cassation, du 26 novembre 1807.)

2º L'acte d'un chasseur qui, posté hors du terrain sur lequel il a le droit de chasser, fait poursuivre le gibier. (Arr. C., 26 septembre 1840.)

3° Le fait d'un individu qui, sans entrer dans la propriété d'autrui, tire sur du gibier qui s'y trouve. (Arr. C., 25 novembre 1828.)

4° Le fait de tirer, se trouvant sur le seuil d'une porte, sur des oiseaux voltigeant au dehors. (Arr. C., 24 septembre 1847.)

5° Le fait d'avoir regardé et laisser chasser des chiens dans un champ où la chasse est interdite, quoique le chasseur porteur d'un fusil se trouve sur un chemin voisin. (Arrêt de la Cour de Rouen, 17 juin 1831 ; arrêt de la C. C., 8 juillet 1845.)

Délai de poursuite. — En matière de délit de chasse, le jour de la constatation du délit est compris dans le délai de trois mois, pendant lequel l'action doit, à peine de prescription, être intentée contre le délinquant. (Arr. C. C., du 1er septembre 1831.)

Il y a délit lorsqu'un chien, même séparé de son maître, est trouvé chassant sur le terrain d'autrui. (Paris, août 1856. — Arrêt de la C., 1er septembre 1831.)

Enclos, temps prohibé, terrain d'autrui. — Celui qui, en temps prohibé, tire de l'intérieur d'une cour attenante à sa maison d'habitation sur un oiseau posé en dehors du mur qui sert de clôture à cette cour, commet un délit de chasse. — Pour que le fait de chasse autorisé par l'article 2 de la loi du 3 mai 1844 soit licite, il faut que ce fait reçoive son entier accomplissement *dans l'enceinte même* de la propriété. Toutefois le gibier qui a été tiré lorsqu'il était dans les limites de l'enclos, peut être ramassé en dehors sur le terrain d'autrui, pourvu que le chasseur prenne la précaution d'entrer sans armes sur ce terrain. (Arrêt de la Cour d'Amiens, 17 janvier 1842 ; Limoges, 5 février 1848.)

Tarrain, clôture, propriétaire. — Est-il défendu, même au propriétaire, de chasser sur un terrain couvert de récoltes, lorsque ce terrain n'est pas attenant à une habitation et entouré de clôtures . La Cour de Cassation s'était d'abord prononcée pour l'affirmative ; mais, par quatre arrêts intervenus depuis 1844, elle a renoncé à sa première jurisprudence par les motifs énumérés dans ses divers arrêts, et notamment dans celui du 22 avril 1852, qui déclare, avec raison, que le consentement donné par le propriétaire du terrain et de la récolte suffit pour faire écarter tout à la fois et le délit de chasse et la circonstance aggravante de passage sur des terres non récoltées.

On ne peut chasser sans permis sur une propriété entourée de fossés ou de haies, ou d'un mur de pierres sèches, à moins que cette propriété ne tienne à une maison d'habitation. (Arr. C., 25 avril 1839.)

8.

Un fleuve ou une rivière navigable ne peuvent être considérés comme clôture d'une île, parce que les fleuves et rivières navigables sont assimilés aux grandes routes. (Arr. C., 12 février 1830.)

Bois communal. — Un maire ne peut accorder l'autorisation de chasser dans une forêt communale, parce que c'est au conseil municipal qu'il appartient de régler les conditions des baux à ferme des biens de la commune. (Arr. C., 5 février 1848.)

Permis. — La justification à l'audience d'un permis de chasse obtenu avant le procès-verbal, met le prévenu à l'abri de toute poursuite. (Arr. C., 6 mars 1846 ; 2 octobre 1846.)

Fermier d'une chasse. — Le droit de chasse affermé ou adjugé est personnel au fermier, en sorte que celui-ci ne peut le rétrocéder à des tiers, ni même leur accorder des permissions individuelles de chasse, alors surtout que le bail porte défense de cession. (Arr. C., 14 juillet 1848.)

Clôture. — *Arrêté préfectoral.* — L'arrêté préfectoral qui a déterminé la clôture de la chasse à compter d'un jour fixé, doit être exécuté dès le jour indiqué. (Arr. C., 7 septembre 1833.)

Dispenses de permis exceptionnelles. — Si pour certains genres de chasse exigeant la coopération de plusieurs personnes, le porteur d'un permis de chasse peut se faire aider par des auxiliaires non pourvus de permis, c'est à la condition que ceux-ci se borneront réellement à des actes d'aide ou de surveillance. (Arr. Toulouse, 8 janvier 1846.)

Temps prohibé. — Le fait par un individu d'avoir en temps prohibé fait guetter son chien d'arrêt dans un champ, constitue le délit prévu et réprimé par l'article 12 de la loi du 3 mai 1844, quand même il serait constaté que le prévenu était sans armes, et que son but unique était d'exercer son chien à poursuivre le gibier, et qu'aucune destruction ou tentative de destruction n'avait eu lieu. (Arr. C., novembre 1855.)

Militaire. — Délit. — Compétence. — Les délits de chasse, avec ou sans permis, doivent toujours être poursuivis devant les tribunaux correctionnels, alors même qu'ils auraient été commis par des *militaires.* (Arr. C., 10 octobre 1806.)

Temps des Vendanges. — Arrêté du maire. — L'arrêté pris par un maire, qui défend la chasse à une certaine distance des vignes, pendant les vendanges, afin de prévenir les accidents, est obligatoire pour les tribunaux de police. (Arr. C., 2 mai 1834; article 471, n° 15, Code pénal.)

Alouettes. — Oiseaux de passage. — La chasse aux alouettes, à l'aide de miroir ou de ficelles auxquelles sont attachés des collets en crin, est prohibée comme les autres si l'on n'est muni d'un permis de chasse. — L'article 1er de la loi du 3 mai 1844 ne distingue pas la chasse des oiseaux de passage des autres chasses, et l'on ne saurait, *dans aucun cas,* s'affranchir de l'obligation imposée aux chasseurs de se munir d'un permis. (Arr. C., 18 avril 1845.) (Voir nos explications au sujet de l'article 1er de la loi.)

Lacs ou filets. — *Oiseaux de pays.* — La chasse aux oiseaux de pays ne peut avoir lieu à l'aide de *filets, lacs, gluaux* et *appelants.* (Arr. C., 25 mars et 4 avril 1846, et 23 avril 1847.) — La chasse aux oiseaux de passage avec appeaux et appelants, peut être autorisée par les préfets. (Arr. C., 16 juin 1848.)

Instruments défendus. — Lorsque la chasse est ouverte, elle peut avoir lieu à tir avec un miroir, mais non avec des instruments qui servent à prendre ou à tuer le gibier, tels que les trébuchets, les tournelles, les pantières, les panneaux, les sauterelles, les raquettes, les gluaux, etc. (Arr. C. de Grenoble, 2 janvier 1845.)

Engins prohibés. — *Gendarmes.* — *Perquisitions.* — Les gendarmes ne peuvent se livrer à une perquisition dans un domicile pour la recherche d'engins prohibés, qu'en vertu d'un mandat décerné par le juge d'instruction, à peine de nullité de leur procès-verbal ; une réquisition du procureur impérial n'est pas suffisante pour une semblable opération. (Arr. Rouen, 1er février 1845.)

Chasse en temps de neige. — La vente, l'achat et

le colportage du gibier peuvent avoir lieu pendant
le temps de neige, où la chasse se trouve temporai
rement prohibée par un arrêté du préfet, pris
vertu de la disposition finale de l'article 9 de la
du 3 mai 1844. — Il serait injuste de prononcer
condamnation contre les individus qui pourraient
avoir acheté du gibier à une époque où la chasse
était permise. — L'article 11 de la loi qui punit
ceux qui chassent en temps de neige, malgré l'arrêté du préfet, n'a ni puni ni prévu la vente et le
colportage du gibier pendant ce temps. (Arr. C.,
22 mars et 18 avril 1845.)

Chasse à tir. — *Arrêté du maire.* — Est légal et
obligatoire pour les tribunaux de simple police,
l'arrêté municipal qui défend la chasse à tir et au
fusil dans des chemins et sur des terrains voisins
d'une ville et garnis d'habitations. (Arr. C., 12 juillet 1855.)

Peines. — *Récidive.* — La récidive, en matière
de délit de chasse, a lieu lorsque le deuxième fait
a été commis dans les douze premiers mois qui ont
suivi la condamnation précédente. (Arr. C., 23 mars
1839.) — Mais la circonstance qu'un prévenu de
délit de chasse aurait précédemment été condamné
à raison d'un délit commun, ne peut donner lieu
contre lui à l'application des peines de la récidive.
(Articles 14 et 15 de la loi du 3 mai 1844; 58, Code
pénal; Arr. C., 16 août 1811; 21 avril 1855.)

Pigeons. — *Arrêtés.* — Lorsqu'un arrêté administratif ordonne que les pigeons seront tenus ren-
fermés durant un certain temps, chacun peut les
tuer sur son propre terrain pendant ce temps. (Arr.
d., 26 septembre 1820.)

TITRE III

DE LA LOUVETERIE.

La louveterie remonte à une époque très-reculée ; elle a été organisée dans le but de détruire les loups et les autres animaux nuisibles. Les lois et règlements qui la concernent n'ont point été abrogés par la loi du 3 mai 1844 ; c'est ce que M. Frank-Carré a expressément reconnu dans son rapport à la Chambre des pairs. Parmi les lois et règlements qui régissent cette matière, nous nous bornerons à mentionner : 1° l'arrêté du Directoire du 19 pluviôse an V, concernant la chasse des animaux nuisibles ; 2° la loi du 10 messidor an V, relative à la destruction des loups ; 3° le règlement du 20 août 1814, portant organisation de la louveterie, et 4°, pour l'exécution de ces diverses dispositions, l'instruction fort remarquable du ministre de l'intérieur en date du 9 juillet 1818, dont nous extrayons les principaux passages.

La destruction des loups a été l'objet de mesures générales qu'il est à propos de rappeler ici, ainsi que les divers moyens dont on fait usage pour opérer cette destruction.

Les mesures générales sont : 1° l'établissement des officiers de louveterie ; 2° celui des primes décernées à toute personne qui a tué un loup, suivant l'âge et le sexe de l'animal détruit ; 3° des chasses générales ou battues, ordonnées par MM. les préfets, sur les rapports qui leur sont faits.

Les moyens de destruction sont des chasses à courre et à tir, faites, soit isolément, soit en battues ; les piéges, traquenards, et dans quelques lieux l'empoisonnement.

CHASSES GÉNÉRALES OU BATTUES.

Le ministre de l'intérieur recommande aux préfets de se concerter avec les officiers de louveterie et de gendarmerie sur les moyens les plus efficaces de procéder à ces sortes de chasses.

D'après les ordonnances de 1600, de 1601 et de 1669, qui n'ont pas été abrogées, il était prescrit de faire des battues au loup tous les trois mois, et plus souvent encore, selon les besoins. En conséquence, les préfets sont légalement dans leur droit en ordonnant des chasses générales ou battues, et les habitants des communes qui seront désignés pour y assister devront se conformer à la convocation, que les maires devront leur remettre au nom des préfets.

Piéges, traquenards, batteries, fosses. — Dans aucuns cas, ils ne devront être disposés dans les chemins ou sentiers pratiqués.

Officiers de louveterie. — Ils sont nommés par le roi, aux termes d'une ordonnance du 14 septembre 1830. — Ces officiers n'étant dépositaires d'aucune portion de la puissance publique, ils peuvent être poursuivis sans l'autorisation du Conseil d'État, à raison des délits par eux commis, même en leur dite qualité. (Cassation, 13 juillet 1810, et 21 janvier 1837.)

Chasse dans les forêts de l'État. — Les lieutenants de louveterie, même autorisés par arrêté du préfet pris pour la destruction des loups, n'ont pas un droit absolu de chasse dans les forêts de l'État; si donc, malgré l'opposition de l'administration des forêts, ils chassent les loups dans une forêt de l'État, ils commettent le délit de chasse prévu dans l'article 1er de la loi du 3 mai 1844, et ils ne peuvent être affranchis de la pénalité que cet article édicte, sous prétexte qu'ils sont couverts par l'arrêté du préfet autorisant cette chasse.

(Cassation, sur le pourvoi de l'administration forestière, de l'arrêt de la Cour impériale de Rennes, chambre correctionnelle, du 13 février 1861, qui avait acquitté le sieur Duplessis, lieutenant de louveterie.)

Bois des particuliers. — Le concours des agents forestiers est également exigé pour chasser le sanglier dans les bois des particuliers si ces derniers n'ont point adhéré à ces chasses. (Cass., 30 juin 1841.)

TITRE IV

DE LA CHASSE DANS LES PROPRIÉTÉS DE LA COURONNE ET DU DOMAINE PRIVÉ.

Jusqu'à la promulgation de la loi du 3 mai 1844, les délits commis dans les forêts appartenant à la liste civile étaient punis d'après les dispositions des ordonnances de 1601 et de 1669 ; ce régime a disparu devant la loi du 3 mai 1844, qui a déclaré, par son article 30, que les délits de chasse commis dans lesdites propriétés seraient poursuivis et punis conformément aux sections II et III de cette loi.

M. Franck-Carré, rapporteur de la loi, fit ajouter cette disposition à l'article 30 en faisant remarquer avec beaucoup de raison « qu'il ne lui paraissait pas possible qu'après la promulgation d'une législation nouvelle sur la police de la chasse, les tribunaux soient contraints, pour réprimer les délits commis dans les forêts de la couronne, de recourir aux dispositions surannées de l'ordonnance de 1669... »

L'exercice de la chasse dans les domaines appartenant à la liste civile est soumis aux règles qui sont établies par l'administration de la liste civile.

Quant au privilége établi par l'article 30, en faveur des propriétés de la couronne, il est borné, suivant la déclaration du garde-des-sceaux lors de la discussion de la loi nouvelle, à la faculté de transporter le gibier tué en temps prohibé dans les domaines de la couronne, à la condition que ce gibier sera transporté par des personnes attachées au service de la liste civile; — il ne pourrait être ni *vendu* ni *colporté*.

L'exception dont il s'agit ne s'étend pas au domaine privé. Les forêts de ce domaine sont régies en fait par le droit commun. M. le garde-des-sceaux s'est formellement expliqué sur ce point devant la Chambre des Pairs.

FIN.

TABLE DES MATIÈRES.

———

9.

TITRE II.

Pages

TITRE III.

TITRE IV.

Paris. — Imprimerie de L. Tinterlin r. N.-des-Bons-Enfants, 3.